HEYNE <

Das Buch

Jeden einzelnen Tag bewusst und glücklich gestalten und dich dabei selbst immer wieder neu – und vor allem besser – kennenlernen: Das Tarot bietet unschätzbar wertvolle Unterstützung dafür! Wie du mit ausgewählten Spreads und tollen Ideen dein Leben selbst in die Hand nimmst, das zeigt die Tarot-Expertin Eva Murges. Sie erweitert die Interpretation der einzelnen Karten um ganz neue Deutungsmöglichkeiten für die Großen Arkana und kombiniert sie mit weiteren Anwendungen wie beispielsweise der »Tarot-Wesenskarte« oder der »Tarot-Jahreskarte«. Mit dem Mondzyklus, den keltischen Jahreskreisfesten, einer Tarot-Achtsamkeitspraxis oder den Rauhnächten kannst du die Weisheit der Karten vielfältig in deinen Alltag integrieren.

Die Autorin

Eva Murges, geboren 1988 mit Sonne und Mond im Steinbock und dem Aszendent in den Fischen, hatte bereits erste belletristische Bücher veröffentlicht, bevor sie ihre Liebe zum Tarot und der spirituellen Welt entdeckte. Heute bietet sie erfolgreich Kartenlegungen an und bildet sich auf vielen Wegen des inneren Wachstums und der Selbstfindung weiter. Gemeinsam mit ihrem Mann und ihren beiden Kindern lebt sie in Köln.

EVA MURGES

Everyday TAROT

Achtsamkeit & Empowerment für jeden Tag

Wie du dich selbst ganz neu entdeckst
und deine innere Kraft entfaltest

WILHELM HEYNE VERLAG
MÜNCHEN

Penguin Random House Verlagsgruppe FSC® N001967

Originalausgabe 08/2024

Redaktion: Dr. Diane Zilliges
Kartenabbildungen: © Alisovna
Umschlaggestaltung: Guter Punkt, München unter Verwendung von Motiven von © Alexey Yaremenko/iStock/Getty Images Plus; © Medina Creatives/iStock/Getty Images Plus; © letoosen/iStock/Getty Images Plus
Layout & Satz: Satzwerk Huber, Germering
Druck und Bindung: GGP Media GmbH, Pößneck
ISBN 978-3-453-70478-7

www.heyne.de

Für alle,
die sich trauen, groß zu träumen,
und trotzdem im Moment leben

Inhalt

Ein liebes Hallo und wie du dieses Buch am besten für dich nutzt

Du fragst dich vielleicht, was es mit »Everyday Tarot« auf sich hat? Falls du mich schon kennst und sogar *Intuitives Tarot* gelesen hast, wirst du dich womöglich etwas wundern, weil ich eine Person bin, die Routinen oftmals als To-do empfindet und es auch nicht immer als sinnvoll erachtet, sich jeden Morgen eine Tageskarte zu ziehen. Denn dies kann uns leicht unter Druck setzen und es kann uns ein schlechtes Gefühl geben, wenn wir unsere *Selfcare-Routine* wieder einmal »nicht geschafft« haben. Diese Herangehensweise würde somit gänzlich die Wirkung verfehlen, die ich mit diesem Buch anstrebe, nämlich dass du dein Leben achtsamer und bewusster gestaltest und gleichzeitig liebevoll mit dir selbst bist. Das alles ist mithilfe von Tarot möglich und sogar ganz nach deinen Vorstellungen.

Du darfst lernen, das Tarot für dich so zu nutzen, dass es sich perfekt in deinen Alltag integrieren lässt, ohne dass es dich stresst. Die Karten dürfen dich bei deiner Ausrichtung und deiner eigenen Selbstfürsorgeroutine unterstützen, dennoch musst du nicht jedes Kapitel akribisch durcharbeiten und wirklich alle Legungen befolgen. Daher musst du dieses Buch ab dem Kapitel »Mit dem Tarot durch das Jahr« auch nicht unbedingt chronologisch lesen, sondern du kannst im Inhaltsverzeichnis stöbern, womit du dich beschäftigen möchtest oder wo du gerade innerhalb des Jahres stehst. Fällt dir dieses Buch kurz vor den Weihnachtstagen in die Hände, lohnt es sich natürlich, einmal einen Blick auf das Kapitel zu den Sperr- und den Rauhnächten zu werfen oder dich mit dem Thema Neujahres-Spreads und persönliche Jahreskarte auseinanderzusetzen.

Tarot ist, was du daraus machst, auch dieser Leitsatz gilt hier. Deshalb noch einmal die Ermutigung meinerseits, die Karten mit frischem Blick zu betrachten und dir stets selbst bewusst zu werden, welche Impulse und Emotionen sich dir beim Betrachten einer Karte zeigen, bevor du im Buch meine jeweiligen Impulse dazu nachschlägst. Trotzdem findest du im Kapitel »Die Bedeutungen der einzelnen Tarot-Karten« zu jeder Karte eine kleine Interpretation meinerseits, um dein Bild zu vervollständigen. Mach dir aber bewusst, dass deine persönlichen Empfindungen immer über dem stehen, was ich dir als Impulse mit an die Hand gebe. *Du bist das Tarot* und du darfst deinen Deutungen und deiner Intuition vertrauen, auch wenn du vielleicht noch am Anfang deiner Tarot-Reise stehst. Du wirst wahrscheinlich die Erfahrung machen, dass sich dir einige Karten schneller erschließen als andere, und auch das ist ganz normal. Nimm dir Zeit, überstürze nichts und geh nicht zu hart mit dir ins Gericht, wenn du einmal mit einer Karte nicht weiterkommst. Sollte sich gar nichts zeigen, hast du ja immer noch deinen kleinen Spickzettel (meine Interpretationen) am Ende des Buchs.

Ich wünsche dir schöne, achtsame und ermutigende Momente mit dem Tarot. Ein oder besser viele Jahre voller Zuversicht, Zeit für dich und immer neu die Möglichkeit der Annahme und Wertschätzung des gegenwärtigen Moments.

Ich freue mich, dich ein wenig begleiten zu dürfen.

Deine Eva

Dein Start mit dem Tarot

Du bist kompletter Tarot-Neuling oder entdeckst dein einstiges Interesse für Tarot gerade noch einmal neu? Dann lies gern dieses Kapitel zuerst, denn hier gehe ich auf ein paar Basics ein, die dir deinen Start ein wenig erleichtern können. Wenn du schon ein Tarot-Profi bist oder bereits seit einiger Zeit Karten legst, kannst du dieses Kapitel guten Gewissens überspringen.

Um zu Beginn mit ein paar Mythen aufzuräumen: Tarot kann jede und jeder lernen. Es bedarf keiner magischen oder medialen Fähigkeiten, die über Generationen vererbt worden sind. Alles, was es braucht, ist eine große Portion Neugier, Geduld und die Freude daran, dich ein wenig mehr mit deiner Intuition (deiner inneren Stimme) zu verbinden und ihr zu vertrauen. Du kannst dir dein erstes Tarot-Deck auch selbst kaufen – entgegen dem ewigen Mythos, dass man sich Tarot-Decks schenken lassen muss. Wähle bei deiner Auswahl Karten, die dich nicht nur optisch ansprechen, sondern deren Bilder zu dir sprechen, die deine Kreativität ankurbeln und direkt eine kleine Geschichte in deinem Kopf entstehen lassen. Das wird nicht bei jedem Deck der Fall sein, aber glücklicherweise gibt es mittlerweile so viele verschiedene moderne und klassische Decks, dass du mit Sicherheit ein für dich passendes finden wirst.

Da ich immer wieder nach Decks für den Einstieg gefragt werde, ist meine Empfehlung das klassische Waite-Smith-Deck oder das daran angelehnte *Modern Witch Tarot*, beide aus dem Königsfurt Urania Verlag. Die beiden Decks haben eine sehr schöne und zugängliche Bildsprache, daher erleichtern sie das intuitive Deuten.

Doch was meine ich überhaupt mit intuitivem Deuten? Intuitives Deuten meint im Grunde nur, dass du bei der Deutung deiner eigenen Weisheit und den eigenen Eingebungen vertraust. Natürlich ist es sinnvoll, sich eingehend mit den Karten zu beschäftigen, und bestimmten Karten liegen gewisse Thematiken zugrunde. Nichtsdestotrotz ist unsere Intuition ein wertvoller Kompass bei der Deutung und hilft uns dabei, die Karten oder das Reading an sich in seiner Gänze zu erfassen. Deshalb ist mein Tipp immer, dass du dir bei einem Reading (egal ob bei einer Tageskarte oder einem großen Legebild mit mehreren Karten) zuerst Gedanken machst, auf die Anzeichen deines Körpers achtest und eigene Rückschlüsse ziehst, bevor du deine Deutungen mit Büchern abgleichst.

Wichtig ist mir zudem zu sagen, dass du nichts falsch machen kannst. Du kannst für dich entscheiden, wie du die Karten mischst, ob du die Karten nur aufrecht oder auch umgekehrt deuten möchtest oder wie du dich auf Readings vorbereitest. Auf diese Themen noch detaillierter einzugehen, würde hier den Rahmen sprengen, aber wenn du noch mehr Infos und Inspiration haben möchtest, empfehle ich dir einen Blick in mein erstes Tarot-Buch *Intuitives Tarot*.

Tageskarte

Gerade zu Beginn bietet es sich an, mit einfachen Spreads und/oder Tages- und Wochenkarten zu starten. Beginnen wir mit den Tageskarten, dafür gibt es mehrere Möglichkeiten.

Entweder ziehst du dir morgens eine Tarot-Karte für den Tag und lässt diese den Tag über auf dich wirken. Dazu kannst du verschiedene Fragen stellen wie beispielsweise:

- Worauf darf ich heute achten?
- Was ist heute besonders wichtig für mich?

- Was tut mir heute besonders gut?
- Oder einfach: Mein Impuls für den heutigen Tag

Du kannst aber auch morgens eine Karte ziehen und sie den Tag über verdeckt liegen lassen. Abends drehst du sie um und nutzt sie zur Reflexion des Tages. Mach dir Gedanken darüber, wie sich das Thema der Karte an dem Tag gezeigt hat und wie du mit entsprechenden Situationen umgegangen bist. Vielleicht hat die Karte aber auch eine Nachricht für dich, die dir hilft, neue Impulse oder Blickwinkel zu bekommen, um zukünftig gewisse Dinge noch souveräner zu handhaben.

Wochenkarte

Bei der Wochenkarte funktioniert es nach einem ähnlichen Prinzip. Ziehe dir gern am Sonntagabend oder Montagmorgen eine Karte für die Woche und nutze die Fragen der Tageskarte dazu. Zeitgleich kannst du eine zweite Karte ziehen, die deine vergangene Woche reflektiert. Somit hast du zwei Karten und kannst erste Bezüge herstellen, die für den gegenwärtigen Moment wichtig sind. Was zeigte sich in der vergangenen Woche für dich (zweite Karte)? Hat diese Erkenntnis einen Einfluss auf die kommende Woche (erste Karte)?

Achtsamkeit & Selbstfürsorge

»Aufmerksamkeit ist das Leben.«

Johann Wolfgang von Goethe

Achtsamkeit ist für mich in den vergangenen Jahren immer wichtiger und präsenter geworden, deshalb möchte ich auch dieses Buch mit dem Thema beginnen. Vielleicht liegt es am Umgang mit meinen Kindern, vielleicht auch an der Trauerbewältigung, die mit dem Tod meiner Mama inmitten der globalen Coronakrise einherging. Fakt ist, dass mir Achtsamkeit und die bewusste Wahrnehmung und Wertschätzung des gegenwärtigen Moments eine Art von innerem Frieden geschenkt haben, den ich lange vermisst habe. So viel war im Außen los und ich fühlte mich zerrissen, weit entfernt von mir selbst und dauerhaft unter Strom, sodass mein Körper sich konstant im *Überlebensmodus* befand. Vielleicht kennst du das Gefühl der Rastlosigkeit oder den enormen Mental Load – die gefühlt nie endende To-do-Liste im Kopf und all die Dinge, an die man denken muss. Gerade Eltern kennen dieses Thema allzu gut, aber auch wenn du nicht Mama oder Papa bist, kann es sein, dass du dich von deinem Alltag öfter mal erschlagen und gestresst fühlst. Möglicherweise ist dir das Thema Achtsamkeit schon einmal begegnet, vielleicht bist du aber auch ein Neuling auf diesem Gebiet, daher möchte ich kurz einen Abriss geben, was Achtsamkeit eigentlich (für mich) bedeutet, und dir ein paar Spreads zu verschiedenen Themen und Karten zeigen, die du für deine zukünftige Achtsamkeitspraxis nutzen kannst.

Was ist Achtsamkeit eigentlich?

Achtsamkeit ist im Grunde die Praxis, den gegenwärtigen Moment so zu leben, anzunehmen und zu genießen, wie er ist. Dabei geht es darum, gedanklich im Hier und Jetzt zu sein und weder die Vergangenheit zu zerdenken à la »früher war alles besser« oder sich Gedanken, vielleicht sogar Sorgen über die Zukunft zu machen. Der einzige Moment, den wir haben, ist der jetzige. Alles, was in der Vergangenheit liegt, ist bereits vergangen, und selbst wenn wir es uns wünschen, können wir es nicht verändern. Mit der Zukunft ist es ähnlich. Wir können uns noch so viele Gedanken über sie machen – wie es am Ende läuft, wissen wir jetzt noch nicht. Was wir aber aktiv tun können, ist, die Weichen zu stellen und den Moment für uns zu nutzen, sodass wir jetzt erfüllt sind und dabei trotzdem ein großes Ganzes im Blick haben.

Im ersten Schritt klingt es wahrscheinlich etwas abstrakt, den gegenwärtigen Moment so anzunehmen und zu genießen, wie er gerade ist. Denn wie soll man es denn genießen, im Stau zu stehen oder zu merken, dass die To-do-Liste eher länger statt kürzer wird? Ich gebe zu, Achtsamkeit ist nicht immer leicht und deshalb ist es auch nicht so, dass du eines Tages aufwachen und von nun an achtsam durch dein Leben gehen wirst. Achtsamkeit ist wie ein Muskel, der trainiert werden will. Wir dürfen uns, gerade in herausfordernden Situationen, immer wieder bewusst ins Gedächtnis rufen, diesem Moment achtsam zu begegnen und nicht vorschnell zu urteilen und zu bewerten.

Dies gilt gleichermaßen für uns selbst wie für andere. Wenn du dich also das nächste Mal ärgerst, weil jemand im Büro mal wieder das Geschirr auf die Spüle gestellt hat, anstatt es in die Spülmaschine zu räumen, versuche Folgendes: Mach dir bewusst, dass die Person dies nicht getan hat, um dich zu ärgern. Vielleicht war sie spät dran und hätte einen wichtigen Anruf verpasst, weil ihr genau diese zehn Sekunden gefehlt haben. Anstatt dich also über etwas zu ärgern, dessen Hintergründe du nicht kennst und dessen Ausgang du nicht ändern kannst –

es ist eben schon passiert –, fokussiere dich auf den Moment und entscheide dich bewusst dazu, ruhig zu bleiben und nicht zu urteilen.

Damit meine ich nicht, dass du fortan alles akzeptieren und hinnehmen musst. Natürlich kannst du im Nachgang mit der jeweiligen Person sprechen und sie darum bitten, das Geschirr beim nächsten Mal selbst in die Spülmaschine zu räumen. Du wirst merken, dass du ein solches Gespräch viel ruhiger und entspannter führen kannst, wenn du der Situation zuvor achtsam begegnet bist und nicht in einen Bewertungsmodus gefallen bist.

Wir Menschen versuchen uns ständig Dinge zu erklären, um sie besser einordnen zu können, deshalb füllen wir Leerstellen oftmals unbewusst selbst aus, indem wir uns Gründe suchen, wie »Die/Der ist einfach zu faul und wir sollen uns jetzt um sein dreckiges Geschirr kümmern«. Das ist normal und du solltest dich dafür auch nicht verurteilen. Wenn wir allerdings achtsam und liebevoll mit herausfordernden Situationen umgehen, reduzieren wir nicht nur für uns Stress, Ärger und Wut, sondern stärken damit auch die Verbindung und das Mitgefühl zum Gegenüber, indem wir ihm zuhören und Verständnis zeigen. Auch hier gilt: Nicht immer wird uns die Antwort des Konfrontierten zufriedenstellen und auch das dann anzunehmen und nicht persönlich zu nehmen, ist eine Form der Achtsamkeit und der Selbstfürsorge.

Achtsamkeit hilft also dabei …

- die eigenen Emotionen besser zu verstehen, zu regulieren und weniger impulsiv zu handeln.
- ein gesteigertes Mitgefühl für uns selbst und unser Umfeld zu generieren.
- gelassener und zufriedener zu werden und dem gegenwärtigen Moment mit mehr Dankbarkeit zu begegnen.
- den eigenen Alltag bewusster zu gestalten und entschleunigter zu leben.

Spüre dein Glück

In einer großen Studie aus dem Jahr 2016 mit über 15 000 Teilnehmenden von Matt Killingsworth machte der Wissenschaftler deutlich, wie stark unser Glücksempfinden davon abhängig ist, wo wir gerade mit unseren Gedanken sind, und nicht so sehr davon, was wir gerade tun. Die Probanden bekamen einen Tracker, auf dem sie immer wieder spontan dazu aufgefordert wurden zu sagen, was sie gerade tun und wie glücklich sie in diesem gegenwärtigen Moment sind. Hier möchte ich noch einmal auf den Stau von meinem kleinen Beispiel vorhin zurückkommen. Ich fand es sehr eindrucksvoll, dass eine Person in der Studie ihr Glücksempfinden deutlich größer beschrieben hat, weil sie einen Stau für sich annehmen konnte und fröhlich mit dem Radio mitgeträllert hat, statt sich zu ärgern. Das gelang ihr, weil sie sich verdeutlicht hat, dass sie an der Situation nichts ändern kann. Es blieb ihr nur, diese anzunehmen.

Dagegen hatte eine andere Person ihr Glücksempfinden deutlich niedriger angegeben, obwohl sie gerade einen wunderschönen Spaziergang mit ihrer Familie machte. Während die Person im Stau ganz bei sich und dem gegenwärtigen Moment war, machte sich die Frau beim Spaziergang Gedanken über die Arbeit, den darauffolgenden Montag und all ihre To-dos. Diese Gedankenschleifen haben sie so sehr gestresst, sodass sie den gegenwärtigen Moment überhaupt nicht wertschätzen und genießen konnte. Killingsworth machte in seiner Studie deutlich, dass wir in 47 Prozent unserer Wachzeit unseren Gedanken nachgehen, also sogenanntes *Mind Wandering* betreiben. Das bedeutet, dass wir fast die Hälfte unserer Zeit gar nicht bewusst in diesem Moment leben. Dies hat evolutionär sicherlich auch einige Vorteile, da wir durch bewusste Gedankengänge unser Überleben sichern (konnten), jedoch macht es uns nachweislich unglücklicher, wie die Studie eindrücklich belegte.

Tarot & Achtsamkeit

Für dieses Kapitel habe ich dir drei Karten der Kleinen Arkana herausgesucht, die in einer gewissen Verbindung zum Thema Achtsamkeit stehen. Die Herausforderung, unseren Alltag achtsamer zu gestalten, hat viele Facetten und diese drei Spreads sollen dich bei deiner Achtsamkeitspraxis in verschiedenen Bereichen unterstützen. Such dir dafür die jeweilige Karte heraus und ziehe die restlichen Karten intuitiv, nachdem du den Reststapel gemischt hast.

1. Mehr Ruhe mit der »Vier der Schwerter«

Intro zur Karte: Die »Vier der Schwerter« fordert uns dazu auf, eine Pause einzulegen, auch wenn es uns schwerfällt. Einmal im Moment zur Ruhe kommen und die Gedanken ziehen lassen.

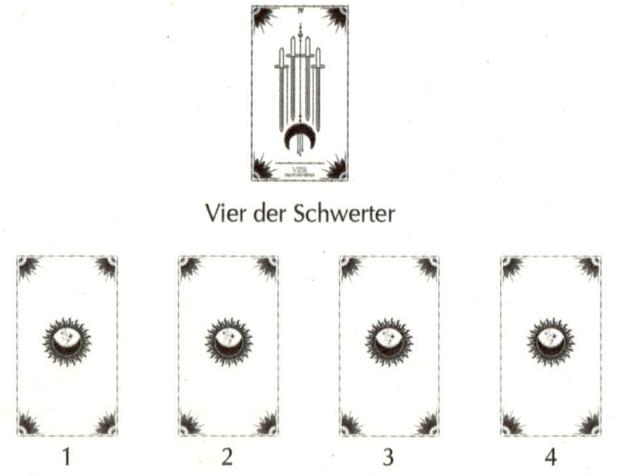

»Vier der Schwerter« (oben hingelegt)

1. Das hindert mich gerade daran, im Moment zu sein.
2. Das unterstützt mich dabei, die Gedanken ziehen zu lassen.

3. Mit mehr Ruhe könnte ich …
4. Auf meinen Körper zu hören, hilft mir dabei …

2. Herausfordernde Zeiten meistern mit der »Fünf der Münzen«

Intro zur Karte: Die »Fünf der Münzen« erinnert uns oft an einen Mangel. Doch befinden wir uns gerade überhaupt in einem Mangel und was können wir aktiv tun, um etwaigen Mangelgedanken zu entfliehen?

Fünf der Münzen

1 2 3

»Fünf der Münzen« (oben hingelegt)

1. In diesem Bereich fühle ich mich gerade energielos/im Mangel.
2. Was unterstützt mich dabei, das, was gerade ist, für mich anzunehmen?
3. Dies hilft mir dabei, noch präsenter im Moment zu sein und mich zu erden.

3. Den Moment genießen mit der »Zehn der Kelche«

Intro zur Karte: Die »Zehn der Kelche« symbolisiert ein kleines Happy End im gegenwärtigen Moment. Die Schönheit genau jetzt wahrnehmen und das Vergängliche sehen und wertschätzen.

Zehn der Kelche

»Zehn der Kelche« (oben hingelegt)

1. Wie kann ich auch in herausfordernden Zeiten die kleinen Momente genießen?
2. Diesen Regenbogen (die Schönheit des Lebens, den einzigartigen Moment) sollte ich gerade bewundern.
3. Einmal bewusst innezuhalten, unterstützt mich dabei …
4. Besonders dankbar sein, darf ich für …

Me, Myself & I! Selbsterkenntnis und Empowerment mit dem Tarot

Du bist besonders. Wahrscheinlich muss ich dir das nicht extra sagen, denn du weißt bereits, dass du einzigartig bist, in deinem ganz eigenen Licht strahlst und so viele Geschenke mitbringst, sodass du dich vor niemandem kleinmachen oder für deinen Charakter, deine Werte, deine Wünsche und Visionen rechtfertigen musst. Das folgende Kapitel darf dich noch einmal mehr dabei unterstützen, deine Einzigartigkeit zu sehen und zu leben. Niemand ist wie du und genau das ist deine große Stärke.

Happy Birthday – Let's celebrate

Dein Geburtstag ist ganz besonders und deshalb wollen wir ihn angemessen feiern. Da ich auch ein großer Fan der Astrologie bin, bin ich der Meinung, dass sich unsere Seele das eigene Geburtsdatum und die genaue Geburtszeit nicht ohne Grund so ausgesucht hat. Wir sind einzigartig in unserer Essenz sowie unserem kosmischen Fingerabdruck und heute, an deinem Geburtstag, ist der beste Zeitpunkt, diese Einzigartigkeit und dein buntes Leben in all seinen Facetten zu feiern.

Vielleicht stöhnst du gerade innerlich auf und denkst dir: »Och nö, jetzt die auch noch. Ich will doch einfach nur meine Ruhe an meinem Geburtstag und mich am liebsten in einer einsamen Hütte im Wald verkriechen.« Wenn dem so ist: Go for it, aber nimm deine Tarot-Karten mit!

Spaß beiseite, ich kann es verstehen, denn es geht vielen Menschen so. Man hat Geburtstag, den man eigentlich in vollen Zügen genießen und ganz nach den eigenen Vorstellungen gestalten möchte, aber die geballte Aufmerksamkeit an einem Tag ist schnell zu viel. I got you! Manchmal ist es schwer auszuhalten, dass sich an einem Tag alles um dich selbst drehen soll, weil du doch eigentlich gar nicht der Typ bist, der gern im Mittelpunkt stehst.

Oder aber, du LIEBST Geburtstage, die zugehörige Party. Endlich mal wieder alle zusammenbringen, gemeinsam feiern, schöne Gespräche, leckeres Essen – eben alles, was dazugehört. Beides ist vollkommen in Ordnung, es ist *dein* Geburtstag! Ob du dich nun zurückziehen möchtest und ihn still mit ein paar Liebsten oder ganz für dich zelebrierst oder aber eine große Party feierst. Ganz egal, welchem Typ du entsprichst, dein Geburtstag darf besonders sein und dir den Raum geben, dein bisheriges Lebensjahr zu reflektieren und dich für dein kommendes Lebensjahr (neu) auszurichten.

Ich habe dafür ein Spread kreiert, das du gern an deinem Geburtstag oder ein paar Tage davor beziehungsweise danach für dich legen kannst. Als passende Tarot-Karte habe ich »Der Stern« gewählt. Sie ist für mich eine Glückskarte, die pure Verbindung zu dir selbst, denn im Waite-Smith und vielen anderen Decks ist die Person darauf nackt. Sie ist pur, authentisch und in ihrer reinen Essenz. Zudem ist »Der Stern« eine sehr heilsame und nährende Karte, was für mich sehr gut zum Thema Geburtstag passt. Wir dürfen das heilen, was vergangen ist, und uns selbst nähren. Der (Nord-)Stern weist uns den Weg und hilft uns, unsere Wünsche und Visionen nicht aus den Augen zu verlieren.

Such dir die Karte »Der Stern« aus deinem Tarot-Deck heraus und leg sie oben hin. Im Anschluss mischst du das restliche Deck und ziehst intuitiv vier Karten zu den jeweiligen Fragen.

Happy-Birthday-Spread mit »Der Stern«

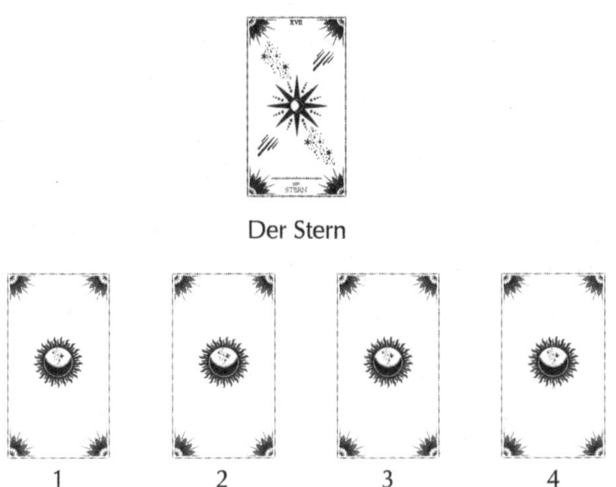

»Der Stern« (oben hingelegt)

1. Das lade ich in mein neues Lebensjahr ein.
2. Diese Seite von mir darf ich in meinem neuen Lebensjahr noch mehr leben.
3. Das vergangene Lebensjahr hat mir gezeigt, dass …
4. Ein guter Grund, heute zu feiern.

Deine Persönlichkeits- und Wesenskarte im Tarot

Yes, wir streben immer mehr danach, uns selbst zu entdecken, unseren Weg zu entschlüsseln und das *Warum* des eigenen Lebens zu ergründen. Wir sehnen uns danach, zu erfahren, warum wir hier sind und was genau unsere Mission auf dieser Erde ist. Dieser Wunsch steckt wahrscheinlich in der Natur des Menschen, doch gerade in den letzten Jahren erfährt er einen regelrechten Hype. Traditionelle und moderne spirituelle Tools zur Selbsterkenntnis, wie Astrologie, Numerologie, Human Design oder Bazi Suanming, finden immer mehr Zuwachs und Anklang. Viele Menschen wollen den *Seelenweg* für sich oder ihre Familienmitglieder entschlüsseln, sich selbst und die eigenen Verhaltensweisen in einen gewissen Kontext setzen, um sich selbst so annehmen zu können, wie sie sind.

Auch für mich ist es immer wieder schön, mit solchen Tools zu arbeiten, da sie oftmals einen anderen Blickwinkel auf die eigene Persönlichkeit schenken und bestimmte Anteile hervorheben oder beleuchten, die man so noch nicht sehen wollte oder konnte. Im Tarot gibt es diese Möglichkeit ebenfalls, wenn sie auch etwas eingeschränkter ist, im Vergleich zu vielschichtigen Lehren wie der Astrologie. So kann man die Persönlichkeitskarte in etwa mit unserem Sternzeichen, oder wie es richtig heißt: mit unserem Sonnenzeichen vergleichen. In unserem Horoskop macht dieses Tierkreiszeichen, in dem sich die Sonne zum Zeitpunkt unserer Geburt befindet, einen vermeintlich kleinen Teil aus. Jedoch einen umso wichtigeren Teil, da das Sonnenzeichen unter anderem für unser Selbst, unseren Selbstausdruck und unser Sein steht. Ähnlich ist es im Tarot mit der Persönlichkeitskarte. Diese schauen wir uns jetzt einmal genauer an.

Die Persönlichkeitskarte im Tarot

Wie eben geschildert, beschäftigt sich die Persönlichkeitskarte im Tarot hauptsächlich mit dem Thema Selbstausdruck und Selbstverwirklichung. Dabei steht sie von der Bedeutung her dem astrologischen Sonnenzeichen (umgangssprachlich Sternzeichen) am nächsten. Die Persönlichkeitskarte ist also eher das, was nach außen strahlt und sichtbar ist. Dabei kann es zum einen darum gehen, wie andere dich wahrnehmen, aber auch darum, welche Qualitäten und Charaktereigenschaften du in diesem Leben entwickeln, integrieren oder annehmen darfst. Die Persönlichkeitskarte und ihre ganz eigenen Fähigkeiten unterstützen dich bei der individuellen Gestaltung deines Lebenswegs und dessen Verwirklichung.

Für die Berechnung deiner Persönlichkeitskarte ziehst du dein Geburtsdatum heran und bildest daraus die Quersumme. Dies wird so lange fortgeführt, bis die Quersumme eine Zahl zwischen 1 und 22 ergibt. Diese Zahlen nehmen Bezug auf die Nummerierung der Großen Arkana. Die 1 steht für den »Magier« bis hin zur 21, die für die »Welt« steht. Eine Ausnahme bildet hierbei »Der Narr«: Da es kein neutrales Ergebnis (eine Null) geben kann, wird er der Nummer 22 zugeordnet.

Nehmen wir einmal das Geburtsdatum von Pamela Colman Smith, der Künstlerin, die das bekannte Waite-Smith-Deck, in Zusammenarbeit mit Arthur Edward Waite, kreiert und illustriert hat. Pamela Colman Smith wurde am 16. Februar 1878 geboren.

Dies bedeutet: 1+6+0+2+1+8+7+8 = 33 = 3+3 = 6 (»Die Liebenden«)

Pamela Colman Smith lebte ein spannendes, wenn auch oft herausforderndes Leben, in dem sie viele Rückschläge erfahren musste. So hatte sie bereits in ihrer Jugend mit Krankheiten zu kämpfen, und auch was die Wertschätzung und Anerkennung ihrer Kunst betraf, tat sie sich zu Lebzeiten schwer. Nichtsdestotrotz war sie voller Liebe, nicht nur für die Kunst, sondern auch für ihre Mitmenschen. Sie engagierte sich für sämtliche wohltätige Zwecke und richtete ihr Leben stets nach dem Ruf ihres Herzens aus. Dies tat sie vor allem, indem sie sich voll und ganz der Kunst verschrieb, die weit über ihren Tod hinaus andauert, sodass wir heute noch, in Form der klassischen Waite-Smith-Karten von ihrer Leidenschaft profitieren und uns von ihr und ihrer einzigartigen Persönlichkeit inspirieren lassen können.

Nun darfst du gern deine eigene Persönlichkeitskarte berechnen. Im Kapitel zur Großen Arkana findest du eine eigene Rubrik unter der jeweiligen Karte, die Aufschluss darüber gibt, was die Persönlichkeitskarte für dich bedeuten kann. Die Persönlichkeitskarte steht jedoch nicht für sich allein, sondern du kannst zudem deine Tarot-Wesenskarte berechnen. Was es mit dieser Karte auf sich hat, erfährst du jetzt gleich.

Die Wesenskarte im Tarot

Während die Tarot-Persönlichkeitskarte eher an das astrologische Sonnenzeichen angelehnt ist, kann man die Wesenskarte ein wenig mit dem Aszendenten vergleichen. Die Wesenskarte richtet den Blick nach innen und steht für unsere Lebensaufgabe. Dahin wollen wir uns entwickeln, aus ihrer Kraft können wir schöpfen und Inspiration finden. Sie fungiert dabei als eine Art Kompass, eine innere Lebenskarte, die das *Mehr* oder *Warum* in und für uns anzeigt.

Die Tarot-Wesenskarte ist an neun Archetypen angelehnt. So umfasst sie, anders als die Persönlichkeitskarte, nur die Zahlen 1 bis 9 (»Der Magier« bis »Der Eremit«).

Wenn wir uns nun das obige Beispiel von Pamela Colman Smith (Geburtsdatum: 16.02.1878, das heißt 1+6+0+2+1+8+7+8 = 33 = 6) noch einmal ins Gedächtnis rufen, sehen wir, dass sie dieselbe Persönlichkeits- wie auch Wesenskarte hat: »Die Liebenden«. Das betrifft somit alle Personen, die in ihrer Persönlichkeitskarte eine Ziffer zwischen eins und neun haben. Solltest du eine zweistellige Zahl berechnet haben, wie beispielsweise die 18, bildest du erneut die Quersumme, bis du eine Zahl zwischen eins und neun erhältst. Das ist auch der Punkt, den ich an diesem System, so hilfreich es ist, ein wenig schade finde. Die Varianz fehlt ein wenig. Nichtsdestotrotz ist es eine schöne Sache, sich etwas spielerisch mit sich selbst auseinanderzusetzen. Geh also mit Freude in die Berechnung und nimm aus beiden Karten das für dich mit, was sich stimmig anfühlt.

Einen kleinen Überblick zu den einzelnen Wesenskarten gibt es hier. Ein paar mehr Details findest du im Kapitel zur Großen Arkana:

I – Der Magier:	Der Freigeist
II – Die Hohepriesterin:	Die/Der Intuitive
III – Die Herrscherin:	Die/Der Empfangende
IV – Der Herrscher:	Die Unternehmerin / Der Unternehmer
V – Der Hierophant:	Die/Der Lehrende
VI – Die Liebenden:	Die/Der Verbundene
VII – Der Wagen:	Die/Der Fortschrittliche
VIII – Kraft:	Die/Der Selbstbestimmte
IX – Der Eremit:	Die Einsiedlerin / Der Einsiedler

Mit dem Tarot durch das Jahr

> *»Die wahre Entdeckungsreise besteht nicht darin, neue Landschaften zu suchen, sondern mit neuen Augen zu sehen.«*
>
> MARCEL PROUST

In den folgenden Kapiteln findest du einige Ideen und Impulse, wie du das Tarot das ganze Jahr über zu verschiedenen Anlässen für dich nutzen kannst. Auch hier gilt: Alles kann, nichts muss. Mach dich frei von dem Gedanken, dass du alle Feste feiern und jeden Tag wissen musst, wo gerade welcher Planet steht, um überhaupt richtig spirituell zu sein und/oder mit dem Tarot arbeiten zu dürfen. Ganz ehrlich und sorry für meine Ausdrucksweise: Das ist Bullshit. Du darfst das Tarot so für dich nutzen, wie es zu dir passt, ganz authentisch und frei. Und sollte das beinhalten, dass du mit bestimmten Jahreskreisfesten oder dem Mondzyklus überhaupt nichts anfangen kannst – fühl dich frei und ignoriere diese Kapitel komplett. Doch auch wenn du offen und neugierig bist und das Ganze einfach mal für dich ausprobieren möchtest, fang klein an und übernimm dich nicht. Es muss nicht immer gleich das volle Programm mit aufwendigen Ritualen, Räuchern und Co. sein. Du kannst einige traditionelle Feiertage und Gegebenheiten für dich zelebrieren, allein mit dem Tarot, ohne viel Aufwand betreiben zu müssen. Solltest du aber Interesse daran haben, gibt es superschöne Möglichkeiten, das Ganze auszuweiten. In Büchern zu den jeweiligen Themen oder im Internet findest du dazu weiterführende Inspiration.

Leben im Einklang mit dem Mond

Auch wenn wir ihn nicht immer in seiner vollen Größe und Ganzheit sehen können, so ist der Mond doch immer vollständig. Je nachdem, in welchem Winkel Sonne und Mond zueinander stehen, sehen wir den Mond von der Erde aus in seinen verschiedenen Phasen. Sonne und Mond bedingen sich aber auch energetisch. Während der Mond für die weibliche Energie des Empfangens und unsere Intuition (Yin) steht, verkörpert die Sonne die männliche Energie des Handelns und Umsetzens (Yang). Für die Phasen des Mondes gebe ich dir ein paar Impulse und Ideen mit an die Hand, wie du sie für dich nutzen kannst. Zu den »wichtigsten« Phasen wie Neu- und Vollmond gibt es zudem jeweils ein Spread, während ich zu den anderen Mondphasen jeweils eine einzelne Frage vorschlage, die du den Karten in dieser Zeit stellen kannst, wenn du möchtest. Dafür reicht es aus, dir für diese Frage eine oder, falls es dich ruft, zwei Karten zu ziehen.

Falls du nicht weißt, in welcher Mondphase wir uns aktuell genau befinden beziehungsweise wann welche Mondphase wieder einmal auf uns zukommt, kannst du dir beispielsweise einen Mondkalender zulegen. In diesem sind direkt alle Mondphasen eingetragen und so kannst du wichtige Termine auch danach ausrichten.

Viele Menschen fühlen sich an Tagen vor dem Neumond und am Neumond selbst etwas energielos. Da wäre es doch schön, wichtige und anstrengende Meetings künftig auf energiereichere Tage zu legen. Solltest du keine Lust auf einen Taschenkalender haben, kannst du die Phasen auch auf dein Smartphone bringen oder dir eine entsprechende App herunterladen. Mittlerweile sind all diese kleinen Helferlein mühelos digital und überall erhältlich.

Die verschiedenen Mondphasen

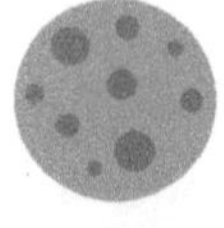

Neumond:
Neuanfang und Initiieren

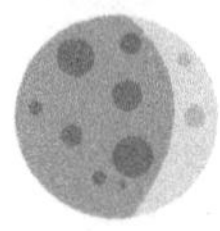

Zunehmender Sichelmond:
Planung und Umsetzung

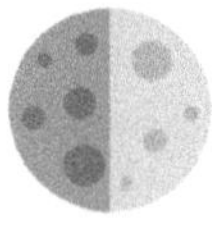

Erstes Viertel:
Verpflichtungen und Krise

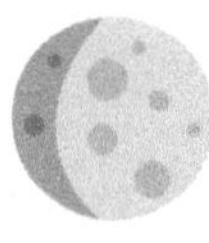

Zunehmender Dreiviertelmond:
Anpassung und Optimierung

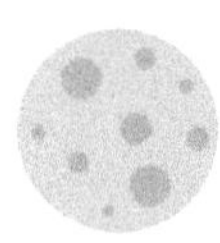

Vollmond:
Bewusst werden und loslassen

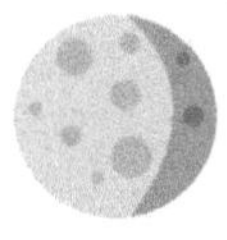

Abnehmender Dreiviertelmond:
Annehmen und Teilen

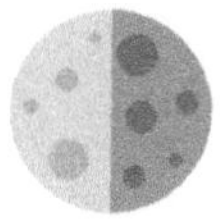

Letztes Viertel:
Vertrauen und Loslassen

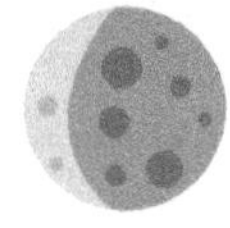

Abnehmender Sichelmond:
Heilung und Integration

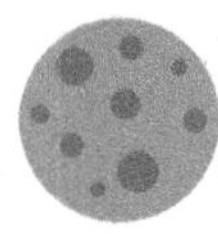

Dark Moon:
Ruhe und Innenschau

 Neumond: Neuanfang & Initiieren

Basics: Recharge and let's go! Nutze deine Intuition als Kompass, um in dieser Zeit neue Intentionen zu setzen. Was darf als Nächstes wachsen? Welches Thema möchtest du angehen? Du darfst manifestieren, auch wenn du noch nicht weißt, wie du dein Ziel erreichst.

Dos:

- manifestieren & visualisieren
- neue Projekte planen
- Kerzen und Gemütlichkeit in deinem »Safe Space«
- mehr Pausen und Rückzug
- neue Intentionen setzen

New-Moon-Tarot-Spread mit drei Karten (einfach nebeneinander auslegen)

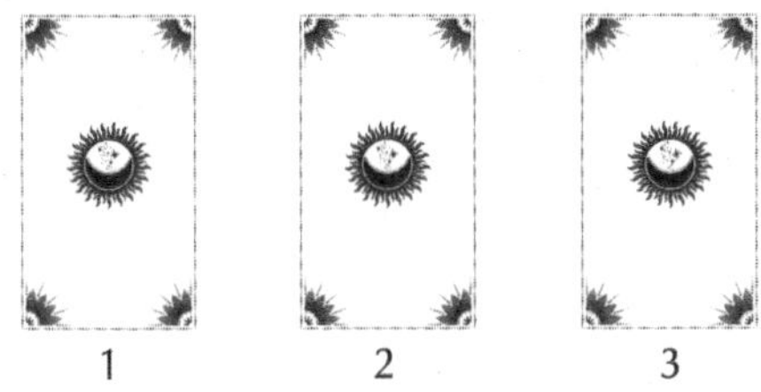

1. Was unterstützt mich im nächsten Mondzyklus?
2. Welche Intention darf ich nun setzen?
3. Was hilft mir dabei, meine Manifestationen wahr werden zu lassen?

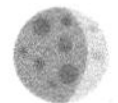 Zunehmender Sichelmond: Planung & Umsetzung

Basics: Alles dreht sich nun um deine Hoffnungen, Wünsche und Absichten. Es ist an der Zeit, Pläne zu schmieden und deine nächsten Schritte festzulegen, um dein Ziel zu erreichen. Es ist zudem eine sehr gute Zeit, um neue Projekte zu starten und dich auszuprobieren. Nutze die Energie, die dir zur Verfügung steht.

Frage an deine Tarot-Karten: Wie kann ich meine Energie sinnvoll einsetzen?

Erstes Viertel: Verpflichtungen & Krise

Basics: In dieser 24-stündigen Mondphase können sich erste Hindernisse oder eine kleine Krise einstellen. Welche Zweifel werden in dir laut? Hierbei ist es wichtig, dass du alles noch einmal objektiv reflektierst. Lass dich nicht aus der Ruhe bringen und bleib flexibel. Geh aus der Planung heraus und unternimm aktiv die ersten Schritte, um dein Ziel zu erreichen.

Frage an deine Tarot-Karten: Was unterstützt mich dabei, aktuelle Herausforderungen zu meistern?

Zunehmender Dreiviertelmond: Anpassung & Optimierung

Basics: Diese Phase ist eine der energiereichsten Phasen des Mondzyklus. Wir legen unsere gesamte Energie in die Anpassung und Optimierung unserer Vision. Die Erkenntnisse des ersten Viertels dürfen nun in die Planung mit einfließen und dein Projekt darf in die Endphase kommen. Achte darauf, dass du dich in dieser Phase nicht selbst vergisst. Auch wenn dir viel Energie zur Verfügung steht, brauchst du auch mal eine Pause.

Frage an deine Tarot-Karten: Wie kann ich mein Projekt zu einem erfolgreichen (Teil-)Abschluss bringen?

Vollmond: Bewusst werden & loslassen

Basics: Durch die Opposition von Sonne und Mond wird alles erhellt. Tiefe Emotionen kommen an die Oberfläche. Es ist Zeit, den vergangenen Zyklus noch einmal zu reflektieren. Konntest du dein Ziel erreichen? Wenn ja, herzlichen Glückwunsch! Solltest du noch nicht so weit sein, ist das aber kein Grund, dich schlecht zu fühlen. Manche Dinge brauchen etwas mehr Zeit. Lass gehen, was dir noch im Weg steht, und führe dir noch einmal vor Augen, was du bisher Wertvolles lernen durftest. Generell ist nun ein sehr guter Zeitpunkt, Dinge loszulassen, die dir nicht mehr dienen.

Dos:
- Verbinde dich mit der Natur.
- Energetisiere deine Heilsteine und Kristalle im Mondlicht.
- Verbinde dich mit dir selbst (zum Beispiel durch Meditation).
- Lass Dinge los (zum Beispiel indem du einen Zettel verbrennst, auf den du zuvor geschrieben hast, was du loslassen möchtest – bitte achte dabei auf eine feuerfeste Schale).

Full-Moon-Tarot-Spread mit drei Karten (einfach nebeneinander auslegen)

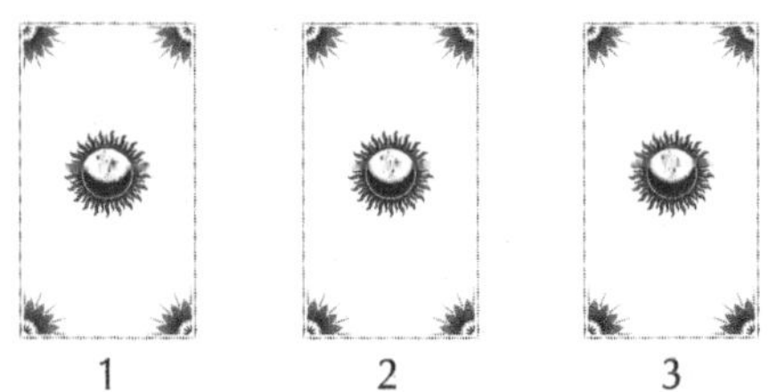

1. Was darf ich nun endgültig loslassen?
2. Durch dieses Loslassen schaffe ich Raum für …
3. Das hilft mir dabei, mich heute und in der kommenden Zeit zu erden.

Abnehmender Dreiviertelmond: Annehmen & Teilen

Basics: Mit dem abnehmenden Mond sinkt auch unser Energielevel wieder. Nun darfst du dir deine Erkenntnisse des Vollmonds noch einmal bewusst machen. Zudem ist es an der Zeit, dankbar zu sein und dich mit anderen über deine Erfahrungen und Gefühle auszutauschen, wenn sich dies gut für dich anfühlt. Komm immer mehr aus der männlichen Energie des Handelns (Yang) in die weibliche Energie des Empfangens (Yin).

Frage an deine Tarot-Karten: Wie gelingt mir eine gute Integration meiner Themen und Emotionen?

Letztes Viertel: Vertrauen & Loslassen

Basics: Diese kurze Mondphase lädt uns erneut zur Betrachtung unserer Neumondvorhaben und der Vollmondreflexion ein. Sollten sich Selbstzweifel in dir breitmachen, geh bewusst nach innen und reflektiere darüber. Was hast du für Zweifel und Ängste und woher kommen sie? Verzeihe dir und den Menschen in deiner Umgebung, mit denen du eventuell in letzter Zeit aneinandergeraten bist. Widme dich Dingen, die dir guttun. Optimal sind: Meditation, Yoga oder Stretching, Spaziergänge in der Natur, Journaling oder auch Selbstlieberituale.

Frage an deine Tarot-Karten: Was unterstützt mich dabei, mein Vertrauen in den Prozess zu stärken?

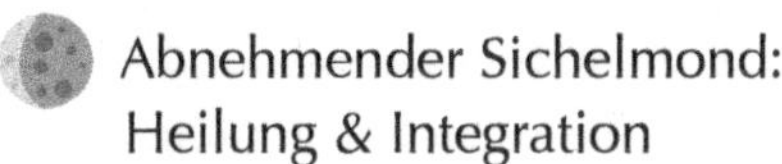

Abnehmender Sichelmond: Heilung & Integration

Basics: In dieser Phase ist es an der Zeit, Projekte abzuschließen und immer mehr in den Rückzug und die Regeneration zu gehen. Nimm an, dass die Energie weiter sinkt, und erlaube dir, dir vermehrt Zeit für dich zu nehmen und aufzutanken. Höre auf dein Herz und die Signale deines Körpers.

Frage an deine Tarot-Karten: Was kann ich mir und meinem Körper Gutes tun, um die Regeneration zu unterstützen?

Dark Moon: Ruhe & Innenschau

Basics: Einen Tag vor Neumond ist der Mond quasi nicht mehr sichtbar und unsere Energien befinden sich am Tiefpunkt des gesamten Mondzyklus. Nimm dir diesen Tag für dich selbst und lass alles hinter dir, was du nicht in den neuen Mondzyklus mitnehmen möchtest. Räume auf – im Inneren und im Außen (wenn es sich für dich gut anfühlt und du die Energie dazu hast).

Frage an deine Tarot-Karten: Meine Nachricht, mein Impuls für den kommenden Mondzyklus ist …

Sperrnächte/Dunkelnächte

Während die Rauhnächte in den letzten Jahren immer mehr an Beliebtheit gewinnen, sind die Sperrnächte, auch Dunkelnächte genannt, bisher eher weniger populär. Das wollen wir ändern. Im übernächsten Kapitel erfährst du alles über die Rauhnächte und deine ganz eigene persönliche Innenschau und Vorbereitung auf das neue Jahr. Doch auch die Sperrnächte sind eine besondere, magische Zeit und eignen sich wunderbar dafür, das zu Ende gehende Jahr noch einmal Revue passieren zu lassen und zu einem stimmigen Abschluss zu bringen.

Doch was sind die Sperrnächte eigentlich genau? Ähnlich wie bei den Rauhnächten gibt es unterschiedliche Überlieferungen, wann genau diese beginnen. Die meisten Quellen beziehen sich jedoch darauf, dass die Sperrnächte in der Nacht vom 8. auf den 9. Dezember beginnen und die zwölf dunkelsten Nächte des Jahres einläuten. Mit dieser Berechnung enden sie einen Tag vor der Wintersonnenwende, am 20. Dezember, wenn die Tage endlich wieder länger werden.

Man geht davon aus, dass sich der Name Sperrnächte davon ableitet, dass unsere Vorfahren in dieser Zeit in eine ruhigere Phase übergegangen sind. Haus und Hof wurden winterfest gemacht, danach wurde die Arbeit weitestgehend niedergelegt und alle Gerätschaften wurden »weggesperrt«. Auch heute lädt uns diese Zeit dazu ein, uns weniger dem Außen und der Arbeit zu widmen, sondern einmal in uns zu gehen, das Jahr zu reflektieren und Altes abzuschließen. Den Gedanken, alles zu einem liebevollen Abschluss zu bringen und in Dankbarkeit ziehen zu lassen, bevor man sich in den Rauhnächten etwas Neuem widmet, finde ich sehr stimmig und wertvoll. Wir kennen es alle: Solange wir uns noch in einem gewissen Chaos befinden, ist es schwierig, uns wirklich auf etwas Neues zu konzentrieren und dafür einen freien Kopf oder ein offenes Herz zu haben. Deshalb mein Tipp: Nutze die Sperrnächte für dich, um zu reflektieren, was dir dieses Jahr gezeigt hat, um aus dieser Erkenntnis heraus zu manifestieren, was du dir für dich und dein Leben im neuen Jahr wünschst. Ziehe dich dafür gerne zurück ohne dich schlecht dabei zu fühlen und schließe Dinge ab, die dich eventuell noch daran hindern könnten nach vorn zu blicken und in Bälde mit etwas Neuem zu starten.

Übersicht der Sperrnächte und die Zuordnung zu den jeweiligen Monaten des vergangenen Jahres:

- 8. auf 9. Dezember – Januar
- 9. auf 10. Dezember – Februar
- 10. auf 11. Dezember – März
- 11. auf 12. Dezember – April
- 12. auf 13. Dezember – Mai
- 13. auf 14. Dezember – Juni
- 14. auf 15. Dezember – Juli
- 15. auf 16. Dezember – August
- 16. auf 17. Dezember – September
- 17. auf 18. Dezember – Oktober
- 18. auf 19. Dezember – November
- 19. auf 20. Dezember – Dezember

Wie du die Sperrnächte für dich nutzen kannst

Für die Zeit vor den Sperrnächten habe ich dir ein kleines Legemuster kreiert, das du gern nutzen kannst, um dich auf die zwölf dunkelsten Nächte einzustimmen. Für dieses Spread habe ich die Karte »Acht der Kelche« gewählt, die du dir einmal heraussuchen kannst und als erste Karte in diesem Legemuster legst. Die »Acht der Kelche« steht für mich ganz besonders für das liebevolle Loslassen bestimmter Dinge, bevor wir uns auf den Weg und die Suche nach etwas Neuem begeben. Dazu wird die Person auf der Karte meist im Dunkeln, unter der Führung des Mondes dargestellt, was das Thema der Sperrnächte noch einmal aufgreift.

Acht der Kelche

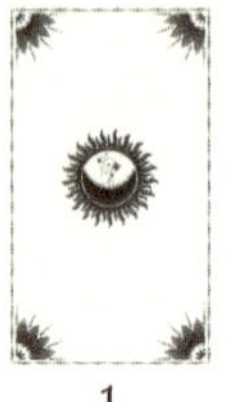 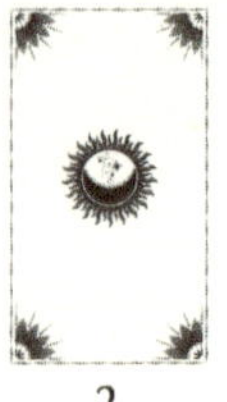 

1 2 3

»Acht der Kelche« (oben hingelegt)

1. Was/Welchen Lebensbereich darf ich nun noch aufräumen?
2. Welches Projekt darf nun liebevoll zum Abschluss kommen?
3. Was unterstützt mich dabei, Frieden mit dem vergangenen Jahr zu schließen?

Passend zu den Sperrnächten selbst, kannst du für jeden Monat des vergangenen Jahres eine Karte ziehen. Entweder tust du das am jeweiligen Abend oder Morgen der Sperrnacht oder du legst dir zu Beginn oder zum Abschluss einen kompletten Jahreskreis. Wenn du dir viel Zeit zur Reflexion nehmen möchtest und dabei tief tauchen möchtest, würde ich die erste Variante empfehlen. Solltest du dich in einem gewissen Vorweihnachtsstress befinden, kannst du natürlich auch mit der zweiten Variante gehen.

Variante eins: Du kannst am Abend des 8. Dezember oder am Morgen des 9. Dezember mit der ersten Sperrnacht starten, die dem vergangenen Januar zugeordnet ist. So verfährst du jeden Abend/Morgen weiter, bis du durch alle zwölf Monate gereist bist. Du kannst dich dabei gern einem der folgenden Impulse widmen, auf den du die Karte beziehst. Je nachdem, was du für herausfordernde oder schöne Momente im vergangenen Jahr hattest, muss dies auch nicht immer derselbe Impuls sein. Wähle intuitiv, was für dich stimmig ist und zum jeweiligen Monat passt.

1. Das durfte ich diesen Monat lernen.
2. Der Monat hat mir gezeigt, dass …
3. Ein besonderes Highlight dieses Monats war …
4. Dieses Thema konnte ich in diesem Monat abschließen.
5. Ich denke liebevoll an diesen Monat zurück, weil …

Yule – Wintersonnenwende (21. Dezember)

Nachdem wir die Sperrnächte hinter uns gelassen haben, kündigt sich mit der Wintersonnenwende am 21. Dezember der dunkelste Tag des Jahres an, denn die Sonne hat ihren Tiefstand erreicht. Auch wenn die anhaltende Dunkelheit auf dein Gemüt schlagen kann, gibt es nun wieder Grund zu Hoffnung und Zuversicht. Wir feiern die »Wiedergeburt« des Lichts, der Sonne. Dies macht uns wieder einmal deutlich, dass wir uns in einem stetigen Wandel aus Tod und Wiedergeburt befinden und es wichtig und ganz natürlich ist, uns diesem von der Natur inspirierten Zyklus hinzugeben. Auf den »Tod« im Tarot folgt die »Mäßigkeit«, deshalb ist diese Karte auch der Wintersonnenwende zugeordnet. Vielleicht können wir die lang ersehnte Wiedergeburt noch nicht erkennen, weil sich die Natur noch im Winterschlaf befindet, aber die Rückkehr des Lichts kündigt sich bereits für uns an. Die Wintersonnenwende wurde schon von unseren Ahnen gebührend gefeiert, daher gibt es einige überlieferte Rituale, die du zusätzlich zu deiner Tarot-Praxis um die Wintersonnenwende zelebrieren kannst. Lass dich dazu gern an anderer Stelle inspirieren.

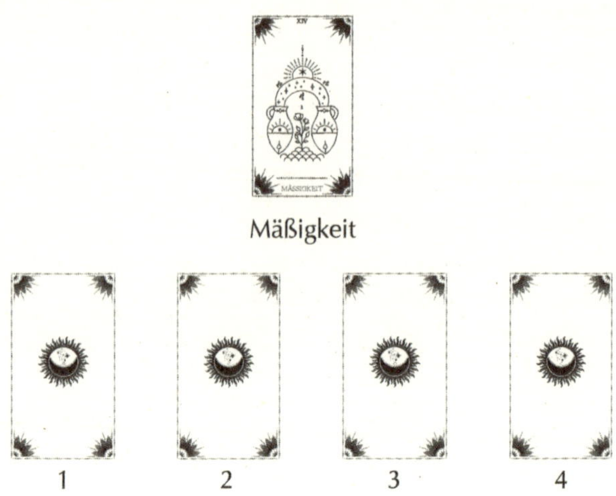

Tarot-Spread zur Wintersonnenwende

Suche dir die Karte »Mäßigkeit« aus deinem Tarot-Deck heraus und platziere sie oben in deinem Spread. Nun mische dein Deck und ziehe intuitiv vier Karten für die weiteren Positionen.

»Mäßigkeit« (oben hingelegt)

1. Darauf darf nun wieder Licht scheinen.
2. Dies schenkt mir Zuversicht.
3. Dies lasse ich mit der vergehenden Dunkelheit ziehen.
4. Durch meinen Gang durch die Dunkelheit habe ich gelernt …

Durch die Rauhnächte mit dem Tarot

Wenn in der Natur Ruhe einkehrt, ist es an der Zeit, selbst einmal einen Gang zurückzufahren, in die Innenschau zu gehen und sich wieder mehr mit der Natur zu verbinden. Ähnlich wie bei den Sperrnächten gibt es auch bei den Rauhnächten unterschiedliche Überlieferungen, wann genau diese starten und enden. Ich habe mich hier für die gängigste entschieden. Laut dieser finden die Rauhnächte jedes Jahr zwischen dem 24. Dezember und dem 05. Januar statt. Die Rauhnächte umfassen zwölf Nächte und sind schon seit Langem eine »heilige«, magische Zeit. Der Brauch der magischen Nächte erfährt gerade in der spirituellen Szene in den letzten Jahren einen besonderen Hype und viele Menschen spüren die Verbindung zur geistigen Welt in diesen Tagen und Nächten sehr stark. Die Schleier zwischen der irdischen und geistigen Welt scheinen sehr dünn zu sein, unsere Träume werden oft intensiver, wir fühlen uns verbundener, vielleicht sogar emotionaler als sonst. Doch der Rauhnächtebrauch ist keine Erfindung der spirituellen Szene, sondern hängt stärker mit der Natur zusammen, als die meisten von uns wissen. Viele von uns leben noch heute mit dem Mondkalender, richten ihre Friseurbesuche, das Säen von bestimmten Pflanzensamen oder andere Dinge danach aus (Tarot-Inspiration zu diesem Thema findest du im Kapitel »Leben im Einklang mit dem Mond«).

Dieses Leben in Harmonie mit der Natur, mit dem Mond und seinen jeweiligen Phasen war bereits unseren Vorfahren heilig und daraus sind auch die Rauhnächte entstanden. Von Neumond zu Neumond braucht der Mond 29,5 Tage, ein Mondjahr sind somit 354 Tage. Danach richtete sich auch der alte Lunarkalender aus. Unsere Sonne braucht aber ein wenig länger, um einmal durch alle Tierkreiszeichen zu wandern, nämlich 365 Tage. Erst dann steht sie wieder am selben Punkt wie zuvor. Die zwölf Nächte und elf Tage zwischen Mond- und Sonnenjahr bilden somit die Tage »zwischen den Jahren«, die sogenannten Rauhnächte oder, wie sie früher auch genannt wurden: die »toten Tage« oder, schöner ausgedrückt, die »geschenkten Tage«. Diese Tage eignen sich sehr gut, um wieder mehr im Hier und Jetzt anzukommen, sich mit sich selbst zu verbinden und sich auf das neue Jahr einzustimmen. Dabei sind die einzelnen Nächte den jeweiligen Monaten des neuen Jahres zugeordnet.

Wie du dies für dich nutzen kannst und das Tarot mit einbeziehst, erfährst du gleich. Bitte beachte dabei, dass auch die Interpretationen der einzelnen Rauhnächte unterschiedlich ausgelegt werden können und es keine allgemeingültige »Regel« gibt, wie du die Rauhnächte für dich zelebrieren und interpretieren solltest. Entscheide intuitiv, was dich anspricht und zu dir passt. Auch hier gilt, es darf Spaß machen und sollte sich nicht nach einem weiteren lästigen To-do anfühlen. Gerade die Rauhnächte dürfen entschleunigt, achtsam und friedvoll für dich sein. Zusätzlicher Druck, gewisse Dinge zwanghaft zu erledigen, muss nicht sein.

So nutzt du die Rauhnächte für dich

Auf den folgenden Seiten findest du zu jeder der zwölf Rauhnächte einen Überblick. Dieser Überblick beinhaltet das jeweilige Datum, den zugeordneten Monat, das Tierkreiszeichen und die entsprechende Tarot-Karte, die diesem zugeordnet wird. Jede Rauhnacht entspricht einem Grundthema. Daran angelehnt findest du jeweils Journaling-Impulse. Nimm dir Zeit, die Fragen auf dich wirken zu lassen. Beantworte diese ehrlich, die Fragen sind nur für dich und deine eigene persönliche Entwicklung. Zudem kannst du jeden Tag eine Tarot-Karte ziehen, die du dann dem jeweiligen Monat des neuen Jahres zuordnest (die Karte, die du zur ersten Rauhnacht ziehst, steht für den Januar des folgenden Jahres; die zweite für den Februar und so weiter). Zu dieser Karte kannst du jeweils deine allgemeinen Gedanken notieren und darüber hinaus findest du Fragen, die dich dabei unterstützen, die Karte von mehreren Blickwinkeln aus zu beleuchten. Da man während der Rauhnächte zudem intensiver träumt, ist es eine schöne Idee, dir ein paar Stichworte zu deinen Träumen zu notieren.

Innerhalb des nächsten Jahres kannst du immer wieder durch dein Rauhnachtsjournal blättern und schauen, was sich bereits erfüllt hat. Es fungiert dann als kleiner Kompass für dein neues Jahr.

Erste Rauhnacht

Wann: 24. auf 25. Dezember
Thema: Altes abschließen
Monat: Januar
Tierkreiszeichen: Steinbock
Zugeordnete Tarot-Karte: »Der Teufel«

Mein Traum der letzten Nacht:

Meine gezogene Tarot-Karte:

Was möchte mir diese Karte für den Januar sagen?

Was darf nun zum Abschluss kommen?

Was möchte ich stattdessen Neues einladen?

Zusätzliche Journaling-Impulse:

Was durfte ich dieses Jahr lernen?

In welchem Punkt bin ich über mich hinausgewachsen?

Was ist mir nicht länger dienlich?

Zweite Rauhnacht

Wann: 25. auf 26. Dezember
Thema: Innenschau
Monat: Februar
Tierkreiszeichen: Wassermann
Zugeordnete Tarot-Karte: »Der Narr«

Mein Traum der letzten Nacht:

___

___

___

___

Meine gezogene Tarot-Karte:

___

Was möchte mir diese Karte für den Februar sagen?

___

___

In welchem Bereich darf ich nun zuversichtlich sein?

___

___

Wie kann ich mehr Leichtigkeit in mein Leben einladen?

Zusätzliche Journaling-Impulse:

Was tut mir gut oder was mache ich nur, weil es von mir verlangt wird?

Was hindert mich noch an meiner Entfaltung?

Was brauche ich, um mehr Zuversicht und Mut zu kultivieren?

Dritte Rauhnacht

Wann: 26. auf 27. Dezember
Thema: (Herz-)Öffnung
Monat: März
Tierkreiszeichen: Fische
Zugeordnete Tarot-Karte: »Der Mond«

Mein Traum der letzten Nacht:

____

____

____

____

Meine gezogene Tarot-Karte:

____

Was möchte mir diese Karte für den März sagen?

____

____

In welchem Bereich darf ich mich mehr öffnen?

____

____

Welche Nachricht übermittelt mir mein Herz?

Zusätzliche Journaling-Impulse:

Wie gelingt es mir, mich mehr mit meinen Emotionen zu verbinden und diese anzunehmen?

In welchem Lebensbereich möchte ich mich noch authentischer zeigen?

Was oder wen brauche ich, um mein Herz zu öffnen und mich trotzdem sicher zu fühlen?

Vierte Rauhnacht

Wann: 27. auf 28. Dezember
Thema: Auflösung & Weisheit
Monat: April
Tierkreiszeichen: Widder
Zugeordnete Tarot-Karte: »Der Herrscher«

Mein Traum der letzten Nacht:

____

____

____

____

Meine gezogene Tarot-Karte:

____

Was möchte mir diese Karte für den April sagen?

____

____

Welche Veränderungen dürfen nun angegangen werden?

____

____

Was kann ich aktiv tun, um mein Leben meinen Wünschen entsprechend auszurichten?

Zusätzliche Journaling-Impulse:

Was ist meine Leidenschaft und wie wird diese entfacht?

Welches Thema oder welche Entscheidung schiebe ich schon eine längere Zeit auf und warum?

In welchem Lebensbereich wünsche ich mir mehr Spontanität und weniger Struktur? Wie kann mir die Umsetzung gelingen?

Fünfte Rauhnacht

Wann: 28. auf 29. Dezember
Thema: Fülle & Selbstliebe
Monat: Mai
Tierkreiszeichen: Stier
Zugeordnete Tarot-Karte: »Der Hierophant«

Mein Traum der letzten Nacht:

___

___

___

___

Meine gezogene Tarot-Karte:

___

Was möchte mir diese Karte für den Mai sagen?

___

___

Was bedeutet Fülle für mich?

___

___

Was hilft mir dabei, mich und meine Selbstfürsorge noch mehr zu priorisieren?

Zusätzliche Journaling-Impulse:

Gebe ich genug auf mich und meinen Körper acht? Falls nein, warum nicht?

Wo erlebe ich Fülle in meinem Leben und was kann ich tun, um noch mehr Fülle einzuladen?

Welchem Teil von mir schenke ich besondere Aufmerksamkeit und welcher Teil verdient noch mehr Liebe oder Akzeptanz?

Sechste Rauhnacht

Wann: 29. auf 30. Dezember
Thema: Reinigung & Katharsis
Monat: Juni
Tierkreiszeichen: Zwillinge
Zugeordnete Tarot-Karte: »Die Liebenden«

Mein Traum der letzten Nacht:

___

___

___

___

Meine gezogene Tarot-Karte:

___

Was möchte mir diese Karte für den Juni sagen?

___

___

Woraus möchte ich mich befreien?

___

___

Was empfinde ich gerade noch als Ballast?

Zusätzliche Journaling-Impulse:

Welcher Lebensbereich möchte nun gereinigt werden?

Gibt es etwas in meinem Leben, das mich einengt?
Falls ja, wie kann ich dies ändern?

Was hält mich davon ab, Dinge oder Menschen loszulassen, die mir nicht länger guttun?

Siebte Rauhnacht

Wann: 30. auf 31. Dezember
Thema: Herzensziele
Monat: Juli
Tierkreiszeichen: Krebs
Zugeordnete Tarot-Karte: »Der Wagen«

Mein Traum der letzten Nacht:

___

___

___

___

Meine gezogene Tarot-Karte:

___

Was möchte mir diese Karte für den Juli sagen?

___

___

Wohin darf meine Reise nun gehen?

___

___

Was unterstützt mich dabei, meine Ziele zu realisieren?

____

____

____

Zusätzliche Journaling-Impulse:

Welche Ängste halten mich noch davon ab, aktiv für meine Ziele loszugehen?

____

____

____

Was ist mein Warum? Welches höhere Ziel, welche Vision habe ich für mein Leben?

____

____

____

Was ist ein möglicher erster Schritt, den ich nun aktiv tun kann?

____

____

Achte Rauhnacht

Wann: 31. Dezember auf 1. Januar
Thema: Neuanfang
Monat: August
Tierkreiszeichen: Löwe
Zugeordnete Tarot-Karte: »Kraft«

Mein Traum der letzten Nacht:

____

____

____

____

Meine gezogene Tarot-Karte:

____

Was möchte mir diese Karte für den August sagen?

____

____

Welche mutige Entscheidung kann ich nun für mich treffen?

____

____

Welche Freiheit bringt diese Entscheidung für mich?

____

____

____

Zusätzliche Journaling-Impulse:

Welchen Wunsch möchte nun angehen und wahr werden lassen?

____

____

____

Was unterstützt mich in diesem Geburtsprozess?

____

____

____

In welchem Lebensbereich wünsche ich mir mehr Mut und wie kann ich diesen gewinnen?

____

____

____

Neunte Rauhnacht

Wann: 1. auf 2. Januar
Thema: Frieden schließen
Monat: September
Tierkreiszeichen: Jungfrau
Zugeordnete Tarot-Karte: »Der Eremit«

Mein Traum der letzten Nacht:

Meine gezogene Tarot-Karte:

Was möchte mir diese Karte für den September sagen?

Mit welchem inneren Anteil darf ich nun Frieden schließen?

Was darf ich mir selbst verzeihen?

Zusätzliche Journaling-Impulse:

Welche Wunden dürfen nun geheilt werden?

Was unterstützt mich dabei, diese Wunden zu heilen und zu verzeihen?

Wem darf ich noch verzeihen oder wen vielleicht sogar um Verzeihung bitten und warum?

Zehnte Rauhnacht

Wann: 2. auf 3. Januar
Thema: Achtsamkeit
Monat: Oktober
Tierkreiszeichen: Waage
Zugeordnete Tarot-Karte: »Gerechtigkeit«

Mein Traum der letzten Nacht:

Meine gezogene Tarot-Karte:

Was möchte mir diese Karte für den Oktober sagen?

Wie finde ich eine gesunde Balance?

Wie gelingt es mir, einer Situation und mir selbst zu begegnen, ohne zu schnell zu urteilen?

Zusätzliche Journaling-Impulse:

In welchen Situationen beurteile ich mich selbst?

Wie gelingt es mir in solchen Momenten, mir selbst ein liebevoller Freund zu sein?

Was brauche ich, um noch mehr im Hier und Jetzt zu sein und mein Leben achtsamer zu gestalten?

Elfte Rauhnacht

Wann: 3. auf 4. Januar
Thema: Loslassen & Dankbarkeit
Monat: November
Tierkreiszeichen: Skorpion
Zugeordnete Tarot-Karte: »Tod«

Mein Traum der letzten Nacht:

____

____

____

____

Meine gezogene Tarot-Karte:

____

Was möchte mir diese Karte für den November sagen?

____

____

Wofür bin ich in meinem Leben dankbar?

____

____

Was darf ich nun in Dankbarkeit gehen lassen?

Zusätzliche Journaling-Impulse:

Wenn ich dies nun loslasse, habe ich Raum für …

Was unterstützt mich dabei, Dinge loszulassen, die mir nicht länger dienlich sind?

Was brauche ich, um mich im Prozess der Transformation sicher und gehalten zu fühlen?

Zwölfte Rauhnacht

Wann: 4. auf 5. Januar
Thema: Erleuchtung
Monat: Dezember
Tierkreiszeichen: Schütze
Zugeordnete Tarot-Karte: »Mäßigkeit«

Mein Traum der letzten Nacht:

Meine gezogene Tarot-Karte:

Was möchte mir diese Karte für den Dezember sagen?

Wo möchte ich am Ende des nächsten Jahres stehen?

Welche Prozesse möchte ich durchlaufen und welche Dinge integriert haben?

Zusätzliche Journaling-Impulse:

Wie möchte ich mich (spirituell) weiterentwickeln?

Fühle ich mich verbunden mit mir selbst und vertraue mir?

Wie kann ich die Verbindung zu mir selbst stärken und wie wirkt sich diese Verbindung auf das kommende Jahr aus?

Rauhnachtsbonus: Das Ritual der dreizehn Wünsche

Dieses Ritual gewinnt in den letzten Jahren immer mehr an Beliebtheit, und auch wenn es nichts direkt mit dem Tarot zu tun hat, möchte ich es dir ans Herz legen. Denn es ist einfach umgesetzt und richtig schön, weil man sich noch einmal auf eine ganz andere Art mit sich selbst, seinen Wünschen und dem eigenen (Wunsch-) Leben auseinandersetzt.

Für dieses Ritual brauchst du:

- 13 kleine Zettel, die du gut falten kannst
- einen Stift
- eine feuerfeste Schale
- Feuerzeug oder Streichhölzer

So funktioniert's:
Bevor die Rauhnächte am 24. auf den 25. Dezember starten, machst du es dir gemütlich und denkst an das kommende Jahr. Für dieses Jahr überlegst du dir nun 13 Wünsche, in denen du formulierst, was du erreichen, wie du dich fühlen oder was du vielleicht noch loslassen möchtest.

Diese Wünsche schreibst du am besten so auf, als wären sie bereits erfüllt, im Präsens. Zudem bietet es sich an, alles positiv zu formulieren, also ohne die Worte »keine« oder »nicht«. Statt »Ich habe keine Angst und Selbstzweifel mehr« schreibst du »Ich bin glücklich und frei von Zweifeln«. Es können aber auch ganz konkrete Wünsche sein wie »Ich veröffentliche ein Buch«.

Nun schreibst du jeden deiner Wünsche auf einen der vorbereiteten Zettel und faltest diese so zusammen, dass du nicht mehr lesen kannst, was darauf steht. Jeden Abend oder Morgen, wenn du deine Rauhnachts-Tarot-Karte ziehst oder dich dem Journaling widmest, nimmst du nun zudem einen der gefalteten Wünsche heraus, entzündest das Papier und lässt es in der feuerfesten Schale verbrennen. Man sagt, mit diesem Prozess wird er ans Universum abgegeben, sodass dieses wirken kann und dich bei der Wunscherfüllung unterstützt. Der 13. Wunsch, der am letzten Tag der Rauhnächte übrig bleibt, ist der, um den du dich aktiv selbst kümmern musst.

Auch wenn ich dieses Ritual sehr liebe, bin ich trotzdem kein Fan davon, die ganze Verantwortung abzugeben. Selbst wenn dich das Universum in deiner Wunscherfüllung unterstützt und begleitet, bist es doch du, der oder die die Weichen dafür stellt.

Happy New Year! Silvester-Neujahrs-Spread

Vermutlich kennst du es auch – aus der Vergangenheit, der eigenen Kindheit oder Jugend zum Beispiel: den Stress um den *perfekten* Silvesterabend. In meinen letzten Schuljahren war oft schon in den Sommermonaten Thema, wie und wo man denn dieses Jahr den Silvesterabend feiern und das neue Jahr gebührend empfangen möchte. Aber es ist tatsächlich etwas dran: Selbst für Menschen, die nicht wirklich spirituell sind, hat der Jahresanfang etwas Magisches. Fast wie ein neues, leeres Buch, dessen 365 Seiten wir nun befüllen dürfen. Viele Menschen nehmen sich Dinge vor, gesündere Gewohnheiten, wie etwa mehr Sport zu machen, öfter das Auto stehen zu lassen und zu Fuß zu gehen oder sich ausgewogener zu ernähren. Andere wollen ihres Chaos endlich Herr werden oder sich in diesem Jahr nun final trauen, den Job zu kündigen und die lang erträumte Weltreise zu starten. Prinzipiell finde ich, man braucht kein neues Jahr, um mutig zu sein. Dennoch ist es ein schöner Anlass, um das Vergangene noch einmal zu reflektieren und sich positiv und voller Zuversicht auf alles, was kommt, einzustellen. Deshalb darfst du nun das alte Jahr verabschieden und dich und dein neues Jahr zelebrieren.

Für das *Happy New Year Spread* habe ich den »Narren« gewählt. »Der Narr« ist für mich der Inbegriff des Neuanfangs, der Start einer neuen Reise mit genau dem Gefühl, das wir auch heute (am Silvesterabend oder Neujahrsmorgen) kultivieren möchten: Neugier, Vorfreude und Zuversicht. Wir öffnen unser Herz, richten den Blick nach vorn und ziehen los. Dabei haben wir nur leichtes Gepäck dabei, unsere Intuition und den Mut, unsere Reise anzunehmen, so wie sie kommt.

Um das Spread durchzuführen, suchst du dir einmal die Karte »Der Narr« aus dem Stapel heraus und platzierst sie ganz oben. Nun mischst du den Reststapel und ziehst intuitiv zu den jeweiligen Fragen (siehe unten) eine Karte.

Happy New Year mit dem »Narren«

Der Narr

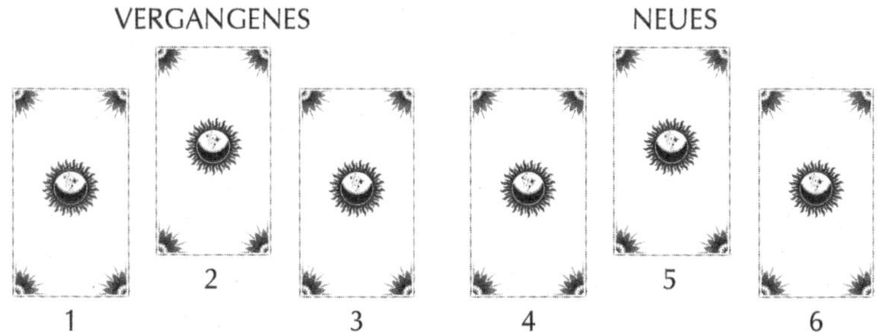

»Der Narr« (oben hingelegt)

Linke Seite – Vergangenes

1. Das darf ich noch zu Ende bringen, um das alte Jahr mit gutem Gefühl abzuschließen.

2. Das durfte ich im vergangenen Jahr lernen.
3. In diesem Punkt bin ich über mich hinausgewachsen.

Rechte Seite – Neues
4. Mehr Zuversicht und Leichtigkeit für alles, was kommt, generiere ich durch …
5. Dieses Thema darf ich im kommenden Jahr angehen.
6. Das unterstützt mich im neuen Jahr, auch in herausfordernden Zeiten.

Die Jahreskarte im Tarot

Es gibt hier eine persönliche und eine kollektive Variante. Beginnen wir mit der kollektiven Jahreskarte.

Die kollektive Tarot-Jahreskarte

Vielleicht hast du schon einmal von ihr gehört. Und, ja, wenn es um kollektive Readings geht, denkt man schnell einmal an einschlägige Horoskope aus diversen Zeitschriften und wie sie quasi nie und immer erstaunlich gut auf alles und jeden zutreffen. Doch die kollektive Jahreskarte ist anders und ich persönlich empfinde sie als sehr spannend und hilfreich. Ähnlich wie in der chinesischen Astrologie, in der die Jahre immer bestimmten Tieren zugeordnet werden, lässt sich die Energie der Jahre auch durch eine numerologische Berechnung als Tarot-Karte abbilden. Was ganz schön abstrakt klingt, ist eigentlich ganz einfach.

Für die Berechnung nehmen wir uns die aktuelle Jahreszahl vor und zerlegen sie in ihre Bestandteile, bevor wir sie addieren und eine Quersumme bilden. Ähnlich wie du es schon von der Persönlichkeits- oder Wesenskarte kennst.

Aktuell befinden wir uns im Jahr **2024**, dies macht **2+0+2+4 = 8**, was zur Jahreskarte **»Kraft«** führt. Alle Zahlen von 1–22 werden beibehalten und der jeweiligen Tarot-Karte zugeordnet, nur der Narr bildet hierbei eine Ausnahme. Ihm wird die Nummer 22 zugeordnet, da er im Tarot-Deck die Zahl 0 trägt, welche rechnerisch nicht durch Addition entstehen kann. Sollten sich Zahlen über 22 ergeben, was eher dann spannend wird, wenn du in die persönliche Berechnung deiner persönlichen Tarot-Jahreskarte gehst, werden diese noch mal miteinander addiert, bis eine Quersumme zwischen 1 und 22 herauskommt.

Eine Übersicht der jeweiligen Zuordnung deiner Ziffer findest du ebenfalls im Kapitel »Die große Arkana«.

Warum berechnen wir eigentlich eine kollektive Tarot-Jahreskarte, wenn es doch eine persönliche gibt? Ich persönlich finde die Kombination aus beiden Karten sehr spannend. Die kollektive Tarot-Jahreskarte gibt Aufschluss darüber, was energetisch gerade für uns alle wichtig ist. Und, auch wenn wir dieses Thema alle leid sind, hat die Corona-Pandemie uns 2020 sehr deutlich gezeigt, wie intensiv sich solche Energien zeigen können. Das Jahr 2020 war dem »Herrscher« zugeordnet, der eng mit Struktur, Stabilität, aber auch Durchsetzungsvermögen in Verbindung steht. Durch diverse Maßnahmen haben wir dies in jenem Jahr sehr stark zu spüren bekommen, während wir zwei Jahre später, im Jahr 2022 mit »Die Liebenden« endlich wieder ganz bei uns sein konnten, eigenständige Entscheidungen treffen und unser Leben wieder vollkommen nach unseren Wünschen und Vorlieben gestalten konnten, ohne durch gewisse Maßnahmen und Regeln eingeschränkt zu sein. Dieses Beispiel ist womöglich etwas drastisch, zeigt aber dafür umso deutlicher, in welcher Art und Weise sich die Energien der kollektiven Tarot-Jahreskarte zeigen können. Nichtsdestotrotz soll diese Berechnung dir weder Angst machen noch einen Wahrsagecharakter verfolgen. Die Tarot-Jahreskarte darf dich dabei unterstützen, dich ein wenig auf die Energien einzustellen und sie besser wahrzunehmen und zu verstehen. Denn wenn man weiß, womit man es zu tun hat, kann man die Dinge oftmals besser einordnen und mit einer gewissen Entspannung und Zuversicht angehen.

Deine persönliche Tarot-Jahreskarte

Während sich die kollektive Tarot-Jahreskarte mit den allgegenwärtigen Energien auseinandersetzt, befasst sich die persönliche Tarot-Jahreskarte mit deiner ganz eigenen Reise, deinen Chancen und etwaigen Herausforderungen des jeweiligen Jahres. Die Berechnung erfolgt nach einem ähnlichen Prinzip wie bei der kollektiven Tarot-Jahreskarte, nur dass wir das jeweilige Jahr in die Quersumme aufnehmen. Ein Beispiel mit meinem Geburtstag: Ich habe am 17. Januar Geburtstag und wir befinden uns aktuell immer im Jahr 2024. Das würde dann folgende Rechnung ergeben: **1+7+0+1+2+0+2+4 = 17** (»Der Stern«). Wie bei den anderen Karten, die wir per Quersumme berechnen, gilt auch hier: Wenn eine Zahl zwischen 1 und 22 herauskommt, ist dies die Nummer der zugehörigen Tarot-Karte. »Der Narr« bildet wieder die Ausnahme, da er der Nummer 22 zugeordnet wird.

Nun kennst du die kollektive und deine persönliche Tarot-Jahreskarte. Wenn du in diesem Buch zur Großen Arkana springst, findest du dort eine eigene Rubrik zur Tarot-Jahreskarte und kannst detailliert nachlesen, was diese für dich bedeutet, sofern du deine eigene Deutung der Karte noch erweitern möchtest.

Ostara – Frühlings-Tagundnachtgleiche (21. März)

Nachdem die Tage mit der Wintersonnenwende wieder länger geworden sind, sind Tag und Nacht zur Frühlings-Tagundnachtgleiche exakt gleich lang. Mit diesem Tag läuten wir den Frühling ein und alles wird leichter, unbeschwerter und freier. Die Tage werden wieder länger als die Nächte, bis wir am 21. Juni mit der Sommersonnenwende den längsten Tag des Jahres feiern. Ostara war für die Menschen schon immer von größter Bedeutung, denn nun beginnt die Natur einen neuen Zyklus. Der Frühling hält Einzug, die Blumen und Blätter an den Bäumen sprießen wieder. Alles, von dem wir im Winter geträumt haben, alle Hoffnungen, die wir gehegt haben, manifestieren sich nun. Somit dürfen wir auch ein Stück weit unser altes Ich hinter uns lassen, dem Zauber des Anfangs vertrauen und wieder aktiv werden.

Doch nicht nur die Natur beginnt einen neuen Zyklus, auch der astrologische Jahreskreis beginnt nun wieder neu – mit dem Widder. Dieses Feuerzeichen lehrt uns ebenfalls, unsere Energie zu nutzen, vorwärtszuschreiten und neue Wege zu gehen.

Passend zur Frühjahrs-Tagundnachtgleiche, habe ich einen Spread kreiert, der die Energie der Karte »Der Turm« repräsentiert. »Der Turm« hat eine sehr kraftvolle Energie, genau wie der Planet Mars, der ebenfalls dem Widder zugeordnet ist. Er symbolisiert zudem einen Umbruch und die Möglichkeit, von vorn anzufangen und etwas Beständiges zu errichten.

Tarot-Spread zur Frühlings-Tagundnachtgleiche

Suche dir die Karte »Der Turm« aus deinem Tarot-Deck heraus und platziere sie oben in deinem Spread. Nun mische dein Deck und ziehe intuitiv vier Karten für die weiteren Positionen.

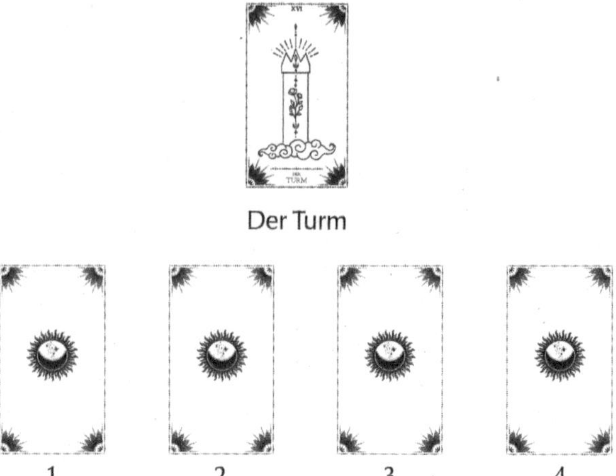

»Der Turm« (oben hingelegt)

1. Dieses Chaos lasse ich hinter mir …
2. Stattdessen möchte ich mich … widmen.
3. In diesem Bereich darf ich nun wachsen.
4. In guter Balance hält mich dabei …

Litha – Sommersonnenwende (21. Juni)

Das Gegenstück zur Wintersonnenwende im Dezember bildet die Sommersonnenwende, die zwischen dem 20. und 22. Juni stattfindet. Die Sonne befindet sich an ihrem Höhepunkt und wir zelebrieren den längsten Tag des Jahres. Während wir bei der Wintersonnenwende den längeren Tagen entgegenfiebern, werden die Tage nach der Sommersonnenwende nun wieder kürzer. Der Tag hält uns also dazu an, alles wertzuschätzen, was gerade da ist. Die Natur ist bereits in voller Blüte und wir können schon erste Früchte ernten. Nutze die Zeit also bewusst, um dein erstes Halbjahr zu reflektieren und aktiv Dankbarkeit zu zelebrieren.

Passend zur Sommersonnenwende, habe ich die Tarot-Karten »Die Sonne« und »Die Liebenden« ausgewählt. »Die Liebenden« werden passend dem Tierkreiszeichen Zwillinge zugeordnet. »Die Sonne« ist zudem eine Karte der kindlichen Freude, der Dankbarkeit und Leichtigkeit. Die Blüte der Natur wird auf ihr oft durch Sonnenblumen dargestellt, die ihre Köpfe der Sonne entgegenstrecken. Genau wie wir es zu dieser magisch-schönen Zeit tun sollten.

Tarot-Spread zur Sommersonnenwende

Such dir die Karte »Die Sonne« aus deinem Tarot-Deck heraus und platziere sie oben in deinem Spread. Nun mische das Deck und ziehe intuitiv vier Karten für die weiteren Positionen.

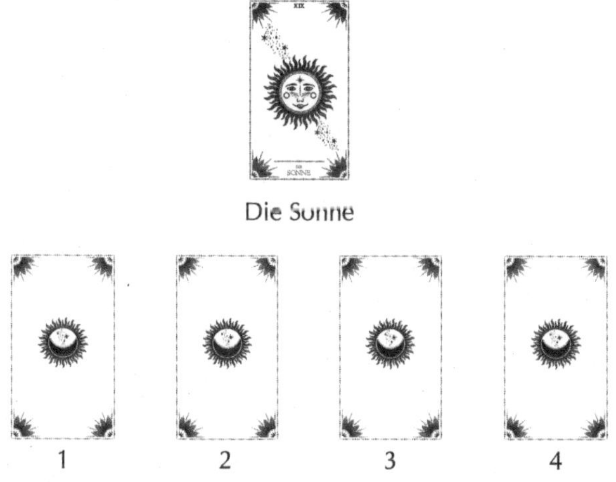

»Die Sonne« (oben hingelegt)
1. Das bringt mein Licht zum Strahlen.
2. Das habe ich das letzte halbe Jahr gelernt.
3. Dafür bin ich gerade besonders dankbar.
4. Mein Fokus für die kommenden sechs Monate.

Zusatzimpuls: Schaue gerne zusätzlich, wo in deinem Deck sich »Die Liebenden« befinden und welche Karten vor und nach dieser Karte kommen. Sie geben Rückschluss darauf, wonach sich dein Herz gerade besonders sehnt.

Mabon – Herbst-Tagundnachtgleiche (21. September)

Mit der Herbst-Tagundnachtgleiche erreichen wir im Jahreskreis das Gegenstück zur Frühlings-Tagundnachtgleiche. Auch jetzt befinden sich Tag und Nacht wieder im Einklang. Sie sind exakt gleich lang, doch von nun an werden die Tage wieder kürzer und die Nächte länger. Die Herbst-Tagundnachtgleiche wird schon lange Zeit gefeiert, um der Natur (und je nach Tradition auch den jeweiligen Göttern) für ihre Schätze zu danken. Es ist ein Fest des Innehaltens und der Dankbarkeit. Denn nun steht ein Wendepunkt an und das Leben wird wieder dunkler und kälter. Doch die nahende Winterzeit hat nicht nur Schlechtes, sie ist auch mystisch und magisch. Die Kräfte der Natur schwinden, Bäume verlieren ihre gold-bunten Blätter, alles kommt zum Erliegen – die Zeit des Rückzugs und der Innenschau beginnt. Für manche lichtet sich nun der Schleier zur Anderswelt etwas mehr.

Morgendlicher Nebel legt sich über die Felder und wirkt besonders schön, wenn er durch sanftes Sonnenlicht in einem magischen Schimmer erstrahlt. Innehalten und Bewusstwerden stehen nun auf dem Programm.

Passend zum vorherrschenden Tierkreiszeichen Jungfrau, begleitet uns im Tarot-Spread zur Herbst-Tagundnachtgleiche die Tarot-Karte »Der Eremit«. Wir begeben uns wie er sinnbildlich in einen Rückzug und nehmen uns bewusst Zeit für uns und das Innehalten. Für die kürzeren Tage und die aufkommende Dunkelheit trägt der Eremit (in den meisten Decks) eine Laterne mit sich, die seinen

Weg weiterhin erhellt und mit deren Hilfe er seine eigenen Bedürfnisse und Ziele nicht aus den Augen verliert.

Tarot-Spread zur Herbst-Tagundnachtgleiche

Such dir die Karte »Der Eremit« aus deinem Tarot-Deck heraus und platziere sie oben in deinem Tarot-Spread. Nun mische das Deck und ziehe intuitiv vier Karten für die weiteren Positionen.

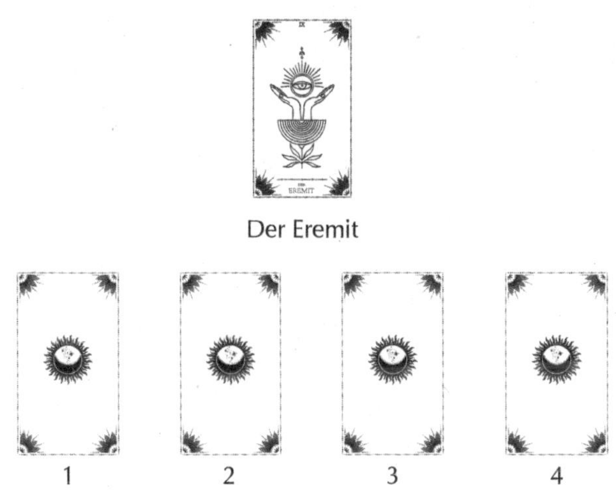

»Der Eremit« (oben hingelegt)

1. Dafür bin ich besonders dankbar.
2. Das darf ich nun zur Ernte bringen.
3. Wenn die Nächte wieder länger werden, möchte ich …
4. Bewusste Innenschau ermöglicht mir …

Die Bedeutungen der einzelnen Tarot-Karten

Nun haben wir einen großen Praxisteil abgeschlossen. Gemeinsam sind wir durch die Sperr- und die Rauhnächte gereist, haben einige Jahreskreisfeste und Geburtstage gefeiert und den Mondzyklus für uns genutzt. In den folgenden Kapiteln findest du Interpretationshilfen für alle 78 Tarot-Karten. Diese erstrecken sich von der allgemeinen Deutung bis hin zur Wesens-, Persönlichkeits- und Jahreskarte der Großen Arkana. Auch hier gilt: Diese Deutungen entsprechen in vielerlei Hinsicht dem, wie ich die Karten wahrnehme und für mich und andere deute. Wichtig ist jedoch immer, was *du* in den Karten siehst. Vertraue bei der Interpretation stets auf dich und deine innere Stimme.

Je nachdem, mit welchem Deck du arbeitest, eröffnen sich dir viele Facetten der jeweiligen Karte und du wirst Dinge erkennen und für dich erschließen, die hier womöglich keinen Raum finden. Das ist gut und ausdrücklich gewünscht. Probiere dich aus und sei kreativ. Behalte bei der Interpretation stets im Hinterkopf: Das Tarot ist für dich und es gibt per se keine guten und schlechten Karten. Jede Karte birgt ihre Licht- und Schattenseiten. Somit findest du in jeder Karte Möglichkeiten des Wachstums, der Heilung und der Entfaltung – du musst sie nur sehen.

Die Kleine Arkana

Die Kleine Arkana wird im Tarot noch in mehrere Unterbereiche unterteilt. Da sind die Zahlen- und die Hofkarten, die sich wiederum nach den vier Elementen sortieren: Stäbe, Münzen, Kelche und Schwerter. Innerhalb aller vier Elemente finden wir die Zahlen Ass bis Zehn sowie die Hofkarten Page, Ritter, Königin und König. Gerade die Hofkarten haben in einigen Decks andere, teilweise modernere Namen. Lass dich davon nicht irritieren. Energetisch sind sie an diese Einteilung angelehnt. In den folgenden Beschreibungen orientiere ich mich an der Einteilung des klassischen Waite-Smith-Decks und werde auch die jeweilige Bezeichnung übernehmen.

Die vier Elemente

Jeder der vier Teilbereiche wird einem Element zugeordnet. Diese Zuordnung kann dich dabei unterstützen, die Karte energetisch einzuordnen und zu begreifen. Die Münzen sind beispielsweise ein eher langsames, beständiges Element wie das Element Erde, dem sie zugeordnet werden. Ein Samen, der gepflanzt wird, wächst nicht innerhalb eines Tages zu einem stattlichen Baum. Die Stäbe hingegen sind ein schnelles, impulsives, fortschreitendes Element wie das Feuer, dem sie entsprechen.

Stäbe	Feuer	Inspiration, Ideen, Karriere und Projekte, Kreativität, Flow, Energie
Münzen	Erde	Finanzielles, Besitz, Karriere, Geld, Beständigkeit, Gesundheit und Körper
Kelche	Wasser	Emotionen, Beziehungen, Familie und Freunde, Gefühle, Intuition
Schwerter	Luft	Gedanken, Intellekt, Kommunikation, Probleme und Lösungen, Rationalität

Die Zahlenkarten

Auch die Zahlenkarten innerhalb der Kleinen Arkana folgen ihrer ganz eigenen Energie. Daher kann es hilfreich sein, sich diese einmal bewusst zu machen, um die Karten einfacher deuten zu können. Die Energie der jeweiligen Zahl kann mit der Energie des Elements kombiniert werden. So erhältst du einen ersten Eindruck der Karte und kannst im nächsten Schritt tiefgreifender deuten und dabei auch das Bild der jeweiligen Karte miteinbeziehen, um eine umfassende, intuitive und für dich passende Deutung zu erzielen.

Ass	Neubeginn, Möglichkeiten, Potenziale, Inspiration, Fokus
Zwei	Balance, Dualität, Kreuzung, Entscheidung, Zusammenführung
Drei	Wachstum, Kreativität, Entfaltung, Möglichkeiten
Vier	Innehalten, Grundlage, Strukturen, Gegenwart, Stagnation
Fünf	Instabilität, Wandel, Veränderung, Herausforderung, Konflikt
Sechs	Kommunikation, Anerkennung, Gemeinschaft, Harmonie, Ausgleich/Umstellung
Sieben	Reflektieren, inneres Wachstum, Frustpotenzial
Acht	Bewegung, Hoffnung, Veränderung, Klarheit, Regeneration, Bewältigung
Neun	Erfüllung, Sprießen, Reifen, Intensität, man nähert sich dem Abschluss
Zehn	Abschluss, Ende des Zyklus, Erneuerung

DIE ASSE

I
ASS
DER STÄBE

I
ASS
DER MÜNZEN

I
ASS
DER KELCHE

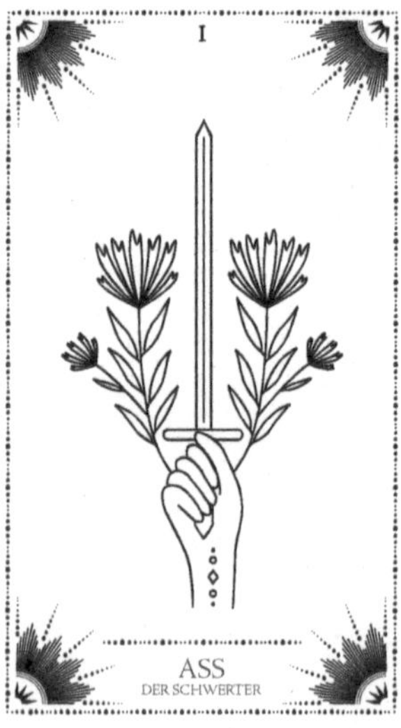
I
ASS
DER SCHWERTER

Ass der Stäbe

Chance, neue Tätigkeit, neue Ideen, Pläne, Lebenskraft, Fokus und Aktion

Impulse: Womöglich ereilt dich ein Impuls deiner Kreativität, deines Herzensthemas. Nutze die feurige Energie der Stäbe und leg los.

Ass der Münzen

Chance, Neubeginn auf materieller Ebene, das Leben stabilisiert sich, Wohlstand und Unabhängigkeit

Impulse: Es ergeben sich Möglichkeiten, dein finanzielles beziehungsweise berufliches Potenzial zu nutzen. Nimm dir dafür Zeit, aber werde aktiv.

Ass der Kelche

Chance, seelische Erfüllung finden; seiner Berufung folgen, Herzenswünsche werden erfüllt

Impulse: Dein Herz schäumt über, wenn du an eine gewisse Sache denkst? Nutze den Impuls, der direkt aus deinem Herzen entspringt. Mach dir bewusst, was du wirklich möchtest und was nötig ist, um dafür losgehen zu können.

Ass der Schwerter

Chance, mentale Klarheit, das Wesentliche sehen, erfolgreiche Projekte, neue Ideen und gute Entscheidungen

Impulse: Welcher Gedanke lässt dich nicht mehr los? Schenk ihm die nötige Aufmerksamkeit und nutze den Auftrieb der Asse, um diesbezüglich ein wenig mehr Klarheit zu erlangen.

DIE ZWEIEN

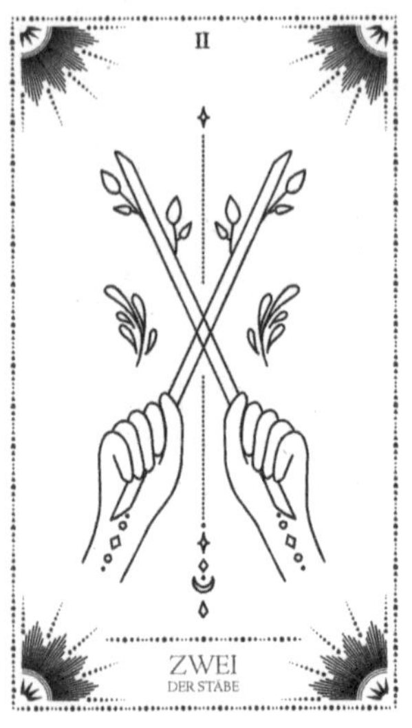

II
ZWEI
DER STÄBE

II
ZWEI
DER MÜNZEN

II
ZWEI
DER KELCHE

II
ZWEI
DER SCHWERTER

Zwei der Stäbe

Unentschlossenheit zwischen Status quo und neuen Möglichkeiten oder Ideen, Neutralität, Inaktivität und mangelndes Engagement

Impulse: Falls du noch immer auf einen Impuls von außen wartest – hier ist er. Es ist Zeit, deine Komfortzone zu verlassen und für das Feuer in dir loszugehen. Manchmal benötigt dieser Schritt eine bewusste, selbstbestimmte Entscheidung. Triff sie jetzt, direkt aus deinem Herzen heraus.

Zwei der Münzen

Flexibel bleiben, das Leben ist im Fluss, mit deinen Möglichkeiten jonglieren, abwägen

Impulse: Lade bewusst Leichtigkeit und Flexibilität in dein Leben ein. Vielleicht kannst du deine Situation etwas spielerischer betrachten, gerade wenn du vor einer Entscheidung stehst. Erde dich und vertraue auf den Fluss des Lebens.

Zwei der Kelche

Einheit, inspirierende Begegnung, erfüllende Partnerschaft/Freundschaft, aufeinander zugehen

Impulse: Begegne den Menschen in deinem Umfeld und auch dir selbst mit Liebe und Güte. Versuche, nichts zu forcieren, sondern ganz im Vertrauen zu bleiben. Es gibt Menschen in deinem Leben, die dich auf jedem deiner Wege begleiten und unterstützen. Schenke ihnen gern bewusst Zeit.

Zwei der Schwerter

Hin- und hergerissen sein, Zweifel, innere Balance finden, in sich hineinspüren

Impulse: Die Entscheidung, die nun vor dir liegt, möchte nicht mit dem Kopf getroffen werden. Spüre einmal in dich hinein: Was möchte dir deine Intuition, deine innere Stimme zuflüstern? Vertraue ihr, sie kennt den Weg.

DIE DREIEN

III
DREI
DER STÄBE

III
DREI
DER MÜNZEN

III
DREI
DER KELCHE

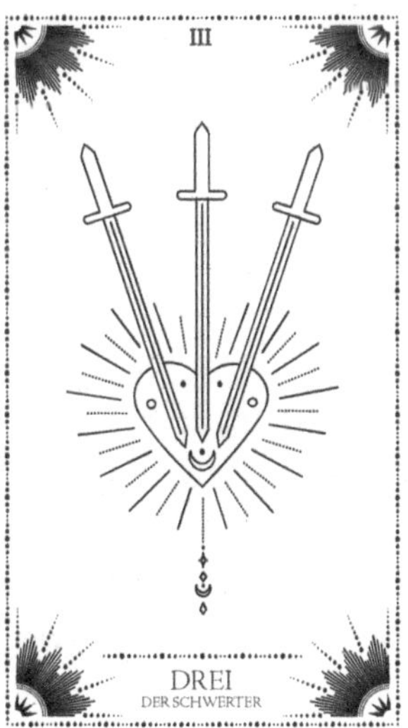
III
DREI
DER SCHWERTER

Drei der Stäbe

Neuanfang, Produktivität, Sinnsuche, neue Perspektiven

Impulse: Alle Möglichkeiten liegen vor dir. Nun ist es wichtig, den Sprung ins Ungewisse zu wagen und diese Reise anzutreten. Die Zeit der Planung ist vorbei, es geht auf zu neuen Abenteuern.

Drei der Münzen

Gemeinsam ein Fundament errichten, voneinander lernen, Teamwork

Impulse: Kreiere gemeinsam mit Gleichgesinnten. Hol dir Unterstützung, wenn nötig. Du bist nicht allein auf deinem Weg und oft tut es gut, dies zu erkennen und Dinge gemeinsam zu erschaffen.

Drei der Kelche

Zusammensein, gemeinsam feiern, Freunde, Community, Glück und Dankbarkeit

Impulse: Zeit für Freundschaft oder gemeinsame Erlebnisse mit der Familie. Umgib dich mit deinen Herzensmenschen und nutze die gewonnene Energie, um deine persönlichen Akkus wieder aufzuladen.

Drei der Schwerter

Enttäuschung, seelischer Schmerz, Verletzung, Ernüchterung

Impulse: Schmerz ist Teil unseres Lebens, Teil deines Prozesses. Schiebe die Emotionen nicht einfach weg, sondern lass sie zu. Nur so kannst du sie langfristig loslassen und befreit voranschreiten.

DIE VIEREN

IV
VIER
DER STÄBE

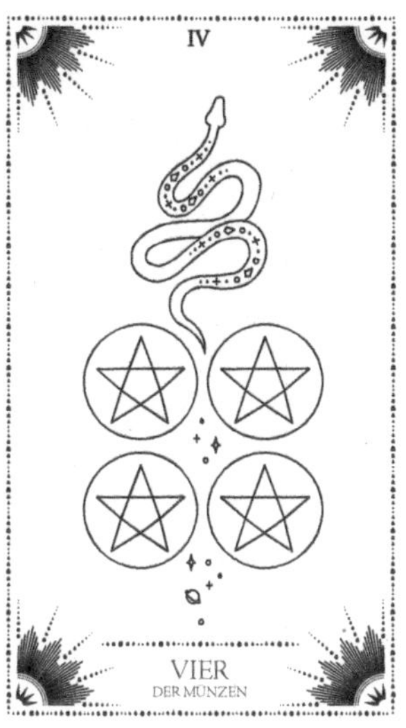
IV
VIER
DER MÜNZEN

IV
VIER
DER KELCHE

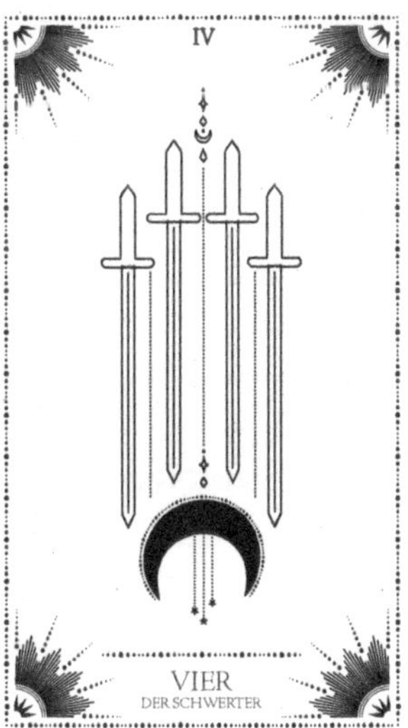
IV
VIER
DER SCHWERTER

Vier der Stäbe

Harmonie, Einklang, Geborgenheit, Glück, Gemeinschaft

Impulse: Vergiss nicht, das kleine Glück des Lebens zu genießen. Jeder Tag hält gewisse Glücksmomente für dich bereit. Nimm sie wahr, erkenne sie an und lade somit ein wenig mehr Glück in deinen Alltag ein.

Vier der Münzen

Festhalten, Klammern, Angst vor Sicherheitsverlust, die Kontrolle behalten

Impulse: Nur wer loslässt, hat die Hände frei. Wir können nicht alles kontrollieren und manchmal benötigen wir ein klein wenig »Kontrollverlust«, um uns neuen Möglichkeiten zu öffnen.

Vier der Kelche

Selbstmitleid, Ablehnung, Langeweile, man schlägt gute Angebote aus

Impulse: Du hast das Gefühl, nichts und niemand kann es dir gerade recht machen? Vielleicht macht es Sinn, deine Position zu verändern und dich ein Stück weit aus deiner Starre zu lösen. Getreu dem Motto: Es muss nicht perfekt sein, solange es sich für *mich* richtig anfühlt.

Vier der Schwerter

Ruhe, Stille, Rückzug, sich eine Auszeit nehmen, Erholung

Impulse: Gerade im hektischen Alltag sind Pausen und Ruhe zur Regeneration essenziell, um gewisse Dinge zu verarbeiten und mit neuer Energie weitermachen zu können.

DIE FÜNFEN

V
FÜNF
DER STÄBE

V
FÜNF
DER MÜNZEN

V
FÜNF
DER KELCHE

V
FÜNF
DER SCHWERTER

Fünf der Stäbe

Konflikt, Herausforderungen, Auseinandersetzungen, Konkurrenz

Impulse: Welchen inneren oder äußeren Konflikt gilt es nun zu klären? Auch wenn es unbequem wird, hilft es dir, dich einmal mit diesem Thema auseinanderzusetzen. Mach dich dabei nicht klein und besinne dich auf deine Stärken und Werte.

Fünf der Münzen

Mangelbewusstsein, Krise, unsichere Zeiten, geringes Selbstwertgefühl

Impulse: In welchem Lebensbereich hast du aktuell das Gefühl, in einem gewissen Mangel zu leben? Was braucht es, hier wieder glücklicher und vielleicht sogar ein wenig selbstbestimmter zu leben? Hinterfrage dabei auch, ob der Mangel real ist oder einer gewissen Angst entspringt.

Fünf der Kelche

Trauer, Verlust, vorhandene Chancen nicht erkennen, Fokus auf das Verlorene und Vergangene anstatt auf die Möglichkeiten

Impulse: Es mag sich gerade alles etwas schwer für dich anfühlen und du kämpfst womöglich mit aufkommenden schweren Gefühlen. Mach dir bewusst, dass dies nicht das Ende ist. Es gibt Möglichkeiten, die gesehen werden möchten. Schenke ihnen die nötige Aufmerksamkeit.

Fünf der Schwerter

Niederlage, Scheitern, rücksichtsloses Verhalten, Machtkampf

Impulse: Befindest du dich gerade in einer Situation, die sich wie eine Niederlage anfühlt? Ist etwas nicht so gelaufen, wie du es dir gewünscht hast? Richte den Fokus auf das, was du durch diesen Prozess lernen und erfahren durftest. Diese Erkenntnisse kannst du für deinen zukünftigen Weg gewinnbringend nutzen.

DIE SECHSEN

VI
SECHS
DER STÄBE

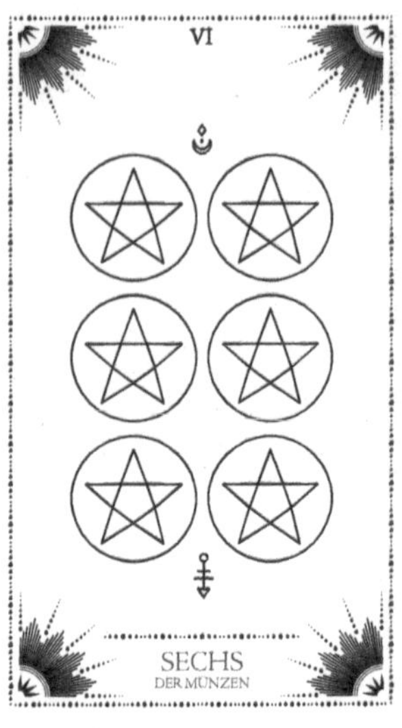
VI
SECHS
DER MÜNZEN

VI
SECHS
DER KELCHE

VI
SECHS
DER SCHWERTER

Sechs der Stäbe

Erfolg, Anerkennung, Wertschätzung, Ansehen, die Mühen haben sich gelohnt

Impulse: Sei stolz auf dich, auf deinen Weg, auf das, was du bisher kreiert und geleistet hast. Mach dich nicht klein, sondern zeige dich! Nimm den Raum ein, den du verdienst, ganz deiner einzigartigen Persönlichkeit entsprechend.

Sechs der Münzen

Ausgewogenheit, Geben und Nehmen, Großzügigkeit

Impulse: Wie steht es um die Balance in deinem Leben? Herrscht in deinem täglichen Handeln ein ausgewogenes Geben und Nehmen? Mach eine Bestandsaufnahme und justiere gegebenenfalls ein wenig nach, um wieder mehr Ausgeglichenheit und Zufriedenheit zu erreichen.

Sechs der Kelche

Nostalgie, Verbindung mit dem inneren Kind, kindliche Freude und Wünsche, Erinnerungen

Impulse: Zeit für einen Blick in die Vergangenheit. Richte gern einmal den Blick auf dein inneres Kind. Was würde es zu deiner aktuellen Situation sagen? Hat es vielleicht sogar einen Ratschlag für dich mit im Gepäck?

Sechs der Schwerter

Einen Übergang meistern, zu neuen Ufern aufbrechen, etwas hinter sich lassen, Neuanfänge

Impulse: Auf zu neuen Ufern! Befreie dich aus einer unbequemen Situation und richte den Blick auf das, was vor dir liegt. Auch wenn dir diese Übergangszeit Angst macht und sich vieles ungewiss und ruckelig anfühlt, bleib im Vertrauen, dass sich die Wogen glätten, sobald du auf dem Weg bist.

DIE SIEBENEN

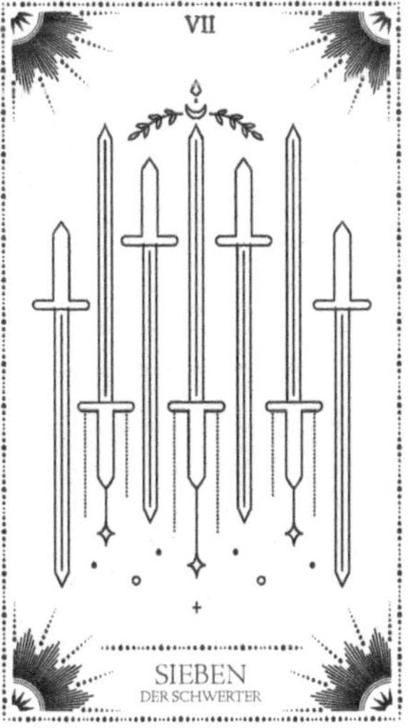

Sieben der Stäbe

Abwehr, den eigenen Standpunkt verteidigen, negative Einflüsse, Missgunst

Impulse: In manchen Konflikten lohnt sich das Kämpfen nicht. Mach dir deine Position und deine Stärken bewusst. Sollte es erforderlich sein, verteidige deinen Standpunkt klar und souverän.

Sieben der Münzen

Dinge brauchen Zeit, Geduld, Wachstumsprozess

Impulse: Gib dir und dem Prozess Zeit! Manche Bäume benötigen etwas länger, bis sie die ersten Früchte tragen. Es lohnt sich, geduldig zu bleiben und dem Prozess, dem (eigenen) Wachstum zu vertrauen.

Sieben der Kelche

Entscheidungen, Möglichkeiten, Illusionen, Träume, Wunschdenken

Impulse: So viele Möglichkeiten und doch keine Ahnung, wie du dich entscheiden sollst? Mach dich von dem Gedanken los, die »richtige« Entscheidung treffen zu müssen. Wähle intuitiv – nachjustieren und dich neu entscheiden kannst du später immer noch.

Sieben der Schwerter

Betrug, Unaufrichtigkeit, strategisches, aber unfaires Handeln, List

Impulse: Hast du das Gefühl, dir ist eine Unaufrichtigkeit oder fehlende Fairness widerfahren? Warst du selbst vielleicht nicht fair gegenüber anderen? Betrachte die Situation aus einem möglichst neutralen Standpunkt und suche das Gespräch, wenn nötig.

DIE ACHTEN

VIII
ACHT
DER STÄBE

VIII
ACHT
DER MÜNZEN

VIII
ACHT
DER KELCHE

VIII
ACHT
DER SCHWERTER

Acht der Stäbe

Bewegung, erfreuliche Neuigkeiten oder Nachrichten erreichen dich, Schnelligkeit

Impulse: Jetzt geht es schnell. Alles kommt in Bewegung und du erhältst vielleicht sogar unerwartete gute Nachrichten, neue Chancen oder Angebote. Wenn du auf einen Impuls des Schicksals gewartet hast, hier ist er.

Acht der Münzen

In seiner Arbeit aufgehen, Fortschritte machen, Üben & Lernen, sich etwas Beständiges aufbauen

Impulse: Probiere dich aus, getreu dem Motto »Es ist noch kein Meister vom Himmel gefallen«. Gerade wenn es darum geht, Profi in einer Sache zu werden, braucht es Übung. Dabei musst du keine Angst vor Fehlern oder Rückschlägen haben. All die vermeintlichen Fehler unterstützen dich bei deiner persönlichen Entwicklung und mit jedem Schritt, den du gehst, wirst du besser.

Acht der Kelche

Eigene, neue Wege gehen, etwas Geliebtes zurücklassen, losgehen, um das Fehlende im Leben zu finden

Impulse: Du bist auf der Suche nach »mehr«. Vielleicht spürst du es innerlich schon etwas länger, nun wird die Erkenntnis immer deutlicher, dass dir etwas im Leben fehlt. Dabei musst du nicht unbedingt wissen, was es genau ist. Wahrscheinlich zeigt dir der Weg, den du gehst, wohin er dich führen wird.

Acht der Schwerter

Selbstlimitierung, Opferhaltung, sich aus negativen Gedankenmustern befreien

Impulse: Du hast die Kraft, dich eigenständig aus Situationen zu befreien, die dir nicht (länger) guttun. Anstatt in einer Art Schockstarre zu verharren, bis der Sturm vorüberzieht, entwickle besser eine ganz eigene Strategie, um dem Sturm zu trotzen. Lass dich nicht von deinen Ängsten abhalten, selbst aktiv zu werden, und stell dich ihnen.

DIE NEUNEN

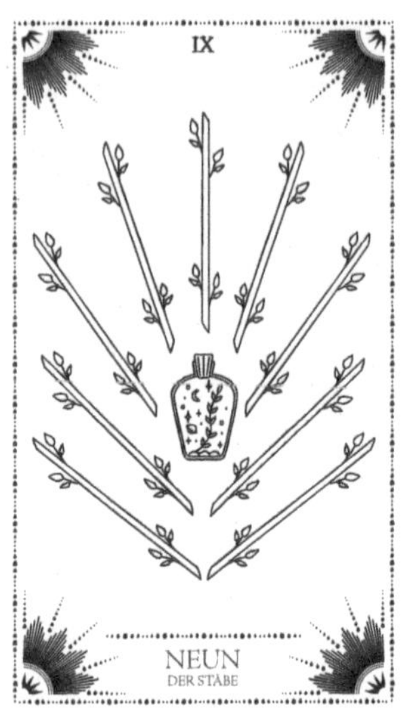
IX
NEUN
DER STÄBE

IX
NEUN
DER MÜNZEN

IX
NEUN
DER KELCHE

IX
NEUN
DER SCHWERTER

Neun der Stäbe

Blockaden durch alte Wunden, Regeneration, Wunsch nach Fülle

Impulse: Befreie dich aus deinen negativen Gedankenmustern. Wir haben aufgrund unserer Erfahrungen oft das Gefühl, dass bestimmte Dinge immer wieder einem gewissen Muster folgen, und reagieren dann mit Angst. Haben wir schlechte Erfahrungen in Beziehungen gemacht, gehen wir in eine neue Partnerschaft mit einer gewissen Habachtstellung und unterbewussten Gedanken wie: »Es wird sicherlich wieder so laufen, dass ich betrogen werde.« Oft glauben wir daher, dass mit uns etwas nicht stimmt und es deshalb immer wieder gleich laufen muss. Doch das muss und tut es nicht. Deshalb ist diese Karte ein freundlicher Reminder, aktiv aus diesem Gedankenkarussell auszusteigen und dir bewusst zu machen, dass du nicht dazu verdammt bist, dass sich deine Erfahrungen immer und immer wiederholen. Du darfst neue Erfahrungen machen, gute Erfahrungen.

Neun der Münzen

Fulle, (materieller) Wohlstand, Sicherheit und Unabhängigkeit, ernten, was erarbeitet wurde

Impulse: Die Münzreihe ist geprägt von Beständigkeit, langsamem Wachstum, (harter) Arbeit und viel Geduld. Mit den »Neun der Münzen« sind wir in einem Stadium angekommen, in dem wir realisieren, dass sich all die Mühe und Arbeit gelohnt hat. Die zarten Pflänzchen, die vor einer Weile noch Samen waren, sind gewachsen und die Zeit der Ernte steht an. Wir dürfen diese Fülle nun genießen und stolz sein auf das, was wir uns selbst erschaffen haben.

Neun der Kelche

Erfüllung, Zufriedenheit, in der inneren Mitte sein, emotionale Fülle und Überfluss

Impulse: Wir erleben emotionale Fülle, eine Zeit des Glücks. Diese Fülle erfüllt nicht nur uns selbst, sondern wir können sie auch mit unserem Umfeld, unseren Liebsten teilen. Aus der emotionalen Fülle heraus dürfen wir uns erlauben, diesen Augenblick voll auszukosten und einmal im Moment zu verweilen.

Neun der Schwerter

Sorgen, Stress, zu viele Gedanken, zu viel Kopfkino, Angst, Verzweiflung

Impulse: Die »Neun der Schwerter« konfrontiert uns mit unseren Ängsten und Sorgen. Womöglich denken wir viel zu viel nach, verheddern uns in diversen Gedankenspiralen und wachen nachts schweißgebadet auf, weil uns ein erneuter Albtraum geweckt hat. Diese Karte weist uns darauf hin, uns wieder einmal dessen bewusst zu werden, wie mächtig Gedanken sind. Verletzende Gedanken können Stress und Ängste erzeugen, wo diese überhaupt nicht nötig wären, da sie nicht unsere Realität widerspiegeln. Anstatt uns Worst-Case-Szenarien auszumalen, sollten wir uns lieber den Dingen widmen, die wir verändern können, um das Bestmögliche für dieses Thema zu erreichen.

DIE ZEHNEN

X
ZEHN
DER STÄBE

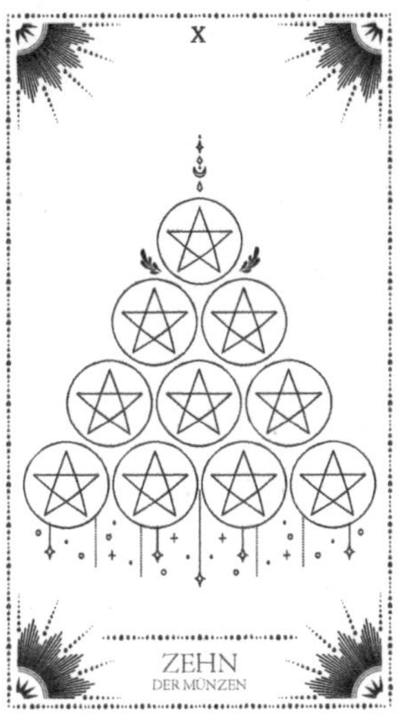
X
ZEHN
DER MÜNZEN

X
ZEHN
DER KELCHE

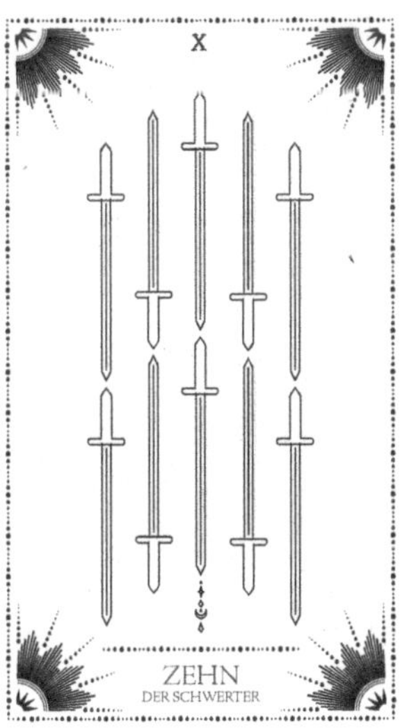
X
ZEHN
DER SCHWERTER

Zehn der Stäbe

Überlastung, Überforderung, sich zu viel aufbürden, Verantwortung abgeben, mangelnde Perspektive

Impulse: Du musst nicht alles allein schaffen! Mache dir gerade in Zeiten der Überforderung bewusst, dass es in Ordnung ist, Hilfe anzunehmen, und dass du *Nein* sagen darfst, wenn du das Gefühl hast, dass dir bestimmte Dinge gerade zu viel sind. Vielleicht ergibt es zudem Sinn, eine kleine Bestandsaufnahme zu machen, welche Lasten du gerade trägst und ob du diese überhaupt tragen musst oder an den eigentlichen Träger oder die Trägerin zurückgeben kannst.

Zehn der Münzen

Finanzielle Sicherheit, Familie, Zuhause, Ankommen, Ziele erreichen, Zukunftspläne schmieden

Impulse: Die »Zehn der Münzen« vermitteln ein warmes Gefühl von Sicherheit, ein Angekommensein. Ein solides Fundament und Rückhalt inmitten von (Seelen-)Familie und Freunden. Eine lange Reise durch das Element Münzen liegt hinter uns, wir waren geduldig und haben etwas Beständiges erschaffen. Das darfst du nun auch anerkennen und wertschätzen und musst nicht direkt das nächste Projekt angehen.

Zehn der Kelche

Emotionale Sicherheit, Happy End, Harmonie, Verbundenheit (Heirat), Familienleben

Impulse: Ein kleines Happy End, ein Glücksmoment, ein Augenblick, der die Seele wärmt und das Herz schneller schlagen lässt. Erinnere dich an die schönen kleinen Dinge des Lebens, schätze sie und nutze sie bewusst, um deinen Akku immer wieder einmal aufzuladen. Diese Karte ist ein liebevoller Reminder daran, das JETZT zu genießen. Ein Regenbogen ist nur jetzt sichtbar. Nimm dir die Zeit, ihn zu betrachten und den Augenblick zu spüren. In ein paar Minuten kann dieser magische Moment schon wieder verflogen sein …

Zehn der Schwerter

Abruptes Ende, Aufgeben, einen Schlussstrich ziehen, sich erschlagen fühlen, tiefer Schmerz oder Verlust

Impulse: Womöglich fühlst du dich gerade erschlagen, die Gedanken rasen, da ist Schmerz, der sich immer wieder den Weg an die Oberfläche bahnt. Mit den »Zehn der Schwerter« geht es nicht darum, Emotionen oder Gefühle wegzudrücken, sondern diese bewusst wahrzunehmen und dir damit auch den Raum zu geben, langfristig zu heilen. Schmerz und Ängste sind Teil unseres Lebens. Wir lernen, damit umzugehen, indem wir uns ihnen stellen und uns Zeit geben.

Die Hofkarten

Die Hofkarten sind ein Teil der Kleinen Arkana und nehmen im Tarot eine ganz besondere Position ein. Sie stehen entweder für unsere eigenen Persönlichkeitsanteile, weisen auf andere beteiligte Personen oder darauf hin, wie dich andere Menschen sehen. In einem Reading wirst du schnell spüren, wie die Karten auf dich wirken und für was genau sie für dich stehen. Dabei gibt es kein Richtig oder Falsch – lass dich von ihnen inspirieren und auf eine Reise mitnehmen.

Page	bereit, eine neue Möglichkeit, ein neues Projekt anzugehen, voller Tatendrang, aber noch etwas unerfahren
Ritter	auf einer Mission, aktiv, zielgerichtet
Königin	weibliches Prinzip – innere Kraft: empfangend, reifend
König	männliches Prinzip – äußere Kraft: bestimmt, dominant

Wichtig: Weiblich und männlich stehen hierbei nicht für das biologische Geschlecht, sondern für die energetischen Prinzipien (weiblich – yin – empfangend/passiv, männlich – yang – fortschreitend/aktiv).

DIE PAGEN

Die Pagen sind ähnlich wie die Asse kleine Glücksbringer und kündigen oft eine neue Chance oder Möglichkeit an. Die Pagen stehen am Anfang ihrer Reise und sind vielleicht noch etwas unerfahren oder unsicher. Dennoch tragen sie einen tiefen Wunsch im Herzen, etwas Neues zu starten …

Page der Stäbe

Planung der eigenen Vision, für etwas brennen, innere Kraft, Lust auf Neues
Charaktereigenschaften: mutig, risikobereit, energetisch

Impulse: Volle Kraft voraus ist der Leitspruch des »Pagen der Stäbe«. Er strotzt nur so vor Energie, ist kreativ, risikobereit und voller Vorfreude, seine Pläne in die Tat umzusetzen. Dabei gilt es aber auch, sich seine Energie gut einzuteilen, damit er nicht auf halber Strecke ausbrennt. Da die Stäbe für Kreativität, aber auch für Business stehen können, kann es sich hierbei auch um eine Chance bezüglich eines kreativen Projekts oder einer Selbstständigkeit handeln.

Page der Münzen

Eine neue finanzielle oder berufliche Chance, Manifestation, Bereicherung
Charaktereigenschaften: beständig, sicherheitsliebend, fleißig

Impulse: Der große Wunsch des »Pagen der Münzen« ist es, etwas Beständiges zu erschaffen. Er ist niemand, der ohne Plan und Ziel drauflosrennt. Wichtig ist hier eine gute Planung, Struktur, der nötige Reiseproviant und Fokus. Sollte sich mit dieser Karte eine neue Möglichkeit ergeben, kann diese finanzieller Natur sein – beispielsweise ein neues Jobangebot – oder auch ein Umzug im Raum stehen. Zudem kann hier auch das Thema Gesundheit und Achtsamkeit mit dem eigenen Körper und den Ressourcen im Fokus stehen.

Page der Kelche

Folge deiner Intuition, kreative Möglichkeiten, Liebesbote (Heiratsantrag, neue Liebe)
Charaktereigenschaften: verträumt, liebevoll, intuitiv

Impulse: Erinnere dich an deine Vision und deinen Herzensweg. Womöglich wartest du auf einen Hinweis, eine Eingebung, wie dieser neue Weg, eine neue Chance oder Möglichkeit aussehen kann. Egal, was du dir für dich wünschst, achte darauf, dass du deinen Weg im Einklang mit dir, deiner Intuition, deinen Gefühlen und deinem Herzen gehst. Beim »Pagen der Kelche« steht weniger das *Was* im Fokus (wie bei anderen Pagen), sondern eher das *Wie.* Mach dich auf den Weg für deine Herzensmission! Ganz klassisch kann dieser Page auch für Neuigkeiten im Liebesleben stehen, eine neue Liebesbeziehung, ein Heiratsantrag …

Page der Schwerter

Neues Wissen, Informationen, geistige Klarheit (durch Kommunikation), Aufbruchstimmung
Charaktereigenschaften: wissbegierig, zielorientiert, kommunikativ

Impulse: Der »Page der Schwerter« ist wissbegierig, neugierig und sehnt sich nach Klarheit. Mit ihm kann es darum gehen, dass du dich schon lange in einem bestimmten Bereich weiterbilden möchtest oder vielleicht endlich im neuen Sachbuch schmökern solltest, das seit Wochen auf dem Nachttisch verstaubt. Gönn dir etwas für deinen Kopf und investiere in deine geistige Weiterentwicklung. Manchmal kann auch dies ein wichtiger Teil deiner Selfcare-Routine sein oder werden.

DIE RITTER

Während die Pagen erste Impulse verdauen und fleißig Pläne schmieden, treten die Ritter nun in Aktion. Es kommt Schwung in die Sache!

Ritter der Stäbe

Neue Abenteuer, seiner Leidenschaft folgen, neue Projekte angehen, Fortbewegung
Charaktereigenschaften: willensstark, energetisch, leidenschaftlich

Impulse: Rauf aufs Pferd und los geht's. Der »Ritter der Stäbe« folgt seiner Leidenschaft, no matter what. Halte dich nicht länger zurück und setze deine Pläne in die Tat um. Jedoch gilt auch hier, ganz dem Element Feuer entsprechend: Lass dich nicht hetzen, sondern haushalte mit deinen Energien. Womöglich ist der Weg länger, als du zunächst annimmst (von Plänen hält der »Ritter der Stäbe« bekanntlich nicht allzu viel), und du brauchst noch ein paar Kraftreserven später auf der Zielgeraden. Follow your fire! Folge deiner Leidenschaft!

Ritter der Münzen

Positive Veränderung, Start einer beruflichen oder finanziellen Reise
Charaktereigenschaften: effizient, ehrlich, bodenständig

Impulse: Der »Ritter der Münzen« hat einen Plan und setzt ihn um, indem er langfristig etwas Beständiges erschafft. Er ist kein Freund von kurzfristigen Ideen und Gedankensprüngen, sondern hat sich gut überlegt, wofür er seine Kräfte einsetzen möchte. Mit dieser Karte steht alles, was du dir für dich vorgenommen hast, unter einem guten Stern, sodass diese Pläne Früchte tragen und erfolgreich gelingen können. Dabei gilt die Devise »Gut Ding will Weile haben«. Während es mit anderen Rittern schneller vorangehen kann, darfst du dir bei dieser Karte etwas mehr Zeit nehmen und auf dem Weg stets geduldig bleiben.

Ritter der Kelche

Tiefe Gefühle, Treue, Verbundenheit, eine Botschaft des Herzens
Charaktereigenschaften: charmant, gefühlvoll, idealistisch

Impulse: Die Reise des »Ritters der Kelche« ist eine auf der Gefühlsebene. Du darfst stets deiner Intuition folgen und vertrauen und für dich und deine (Herzens-)Vision gehen. Dabei steht im Fokus, was dich selbst mit Glück und Liebe erfüllt und deinen Werten entspricht. Diese Reise kann eine emotionale Entwicklung deinerseits bedeuten, aber auch zwischenmenschliche Beziehungen oder auch gesellschaftliche Themen (beispielsweise ehrenamtliche Tätigkeiten) mit einschließen.

Ritter der Schwerter

Volle Kraft voraus, möglicherweise etwas vorschnell, »Kopf durch die Wand«-Mentalität
Charaktereigenschaften: engagiert, willensstark, ungeduldig

Impulse: Bewaffnet mit einem guten Plan und einer messerscharfen Klarheit, macht sich der »Ritter der Schwerter« auf den Weg. Er möchte eigene Erfahrungen sammeln, sich (geistig) weiterentwickeln, Neues lernen und umsetzen. Hier gilt ganz klar: »Der Weg ist das Ziel.« Es geht viel mehr um die Erfahrungen und die Learnings, die du auf deiner Reise machen kannst, als darum, am Ende einen gewissen »Abschluss« zu erreichen. Auch wenn die Schwerter oft mit einer starken Rationalität in Verbindung gebracht werden, darf die Freude auf diesem Weg nicht zu kurz kommen. Daher erinnere dich gern immer wieder daran, warum du dich auf den Weg begeben hast.

DIE KÖNIGINNEN

Während die Ritter einen gewissen Fortschritt eingeleitet und ihren Zielen nachgegangen sind, kommen wir nun in die ruhigere Energie der Königinnen. Wir beginnen das Gelernte zu integrieren und gewisse Dinge unserer Reise zu verdauen und anzunehmen.

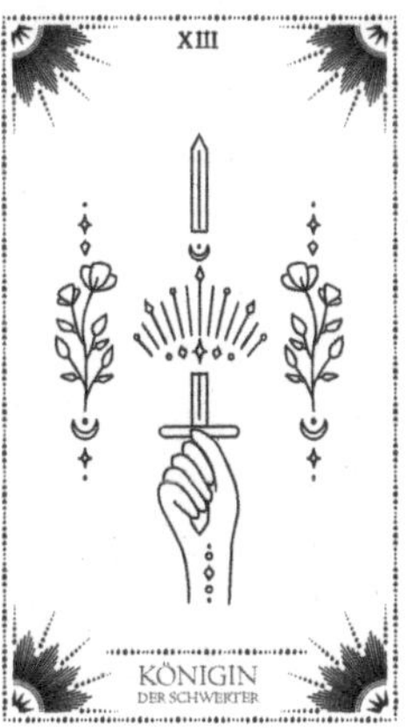

Königin der Stäbe

Selbstbestimmtheit, Schöpfung, Kreativität
Charaktereigenschaften: leidenschaftlich, selbstbewusst, entschlossen

Impulse: Die »Königin der Stäbe« ist eine engagierte, zielstrebige Person, die ganz mit sich im Reinen ist. Sie ist die Person, zu der man aufsieht, die inspiriert und die sich nicht davor scheut, mutig zu sein und über sich hinauszuwachsen. Sie folgt ihrem Herzen und steht für sich und ihre Bedürfnisse ein, ohne dabei andere kleinzumachen. Sie ist die Person, die eine gewisse Präsenz ausstrahlt, sobald sie einen Raum betritt, jemand, der andere mit ihren Visionen, Ideen und Erfahrungen begeistern und beflügeln kann. Kreativität und Wachstum sind ihre Antreiber und Stillstand kann immer wieder einmal herausfordernd für sie sein.

Königin der Münzen

Fülle, Work-Life-Balance, Mütterlichkeit, Bodenständigkeit
Charaktereigenschaften: fürsorglich, zuverlässig, wohlwollend

Impulse: Die »Königin der Münzen« repräsentiert die nährende, mütterliche Fürsorge. Diese schenkt sie allerdings nicht nur ihrem Gegenüber, sondern auch sich selbst. Sie weiß mit ihren eigenen Bedürfnissen und denen ihres Gegenübers umzugehen und hält dabei eine gesunde Balance. Darüber hinaus repräsentiert sie Fülle, Beständigkeit, Reife und Erfolg. Sie steht für die Verbundenheit zur Natur (getreu dem Element Erde) und erkennt deren Wichtigkeit an. Alles hängt zusammen, und auch wenn wir Individuen sind, ist es doch wichtig, auf die Natur und ein harmonisches Miteinander zu achten. In der Umgebung dieser Königin fühlen wir uns willkommen, sicher und gut aufgehoben.

Königin der Kelche

Emotionale Stabilität, Großzügigkeit, ausgeprägte kreative Fähigkeiten, Vertrauen und Heilung
Charaktereigenschaften: intuitiv, emotional, sanft

Impulse: Die »Königin der Kelche« steht ebenfalls für Mütterlichkeit, in diesem Fall mit dem Fokus der bedingungslosen Liebe, Fürsorge und Hingabe. Sie ist sich ihrer Gefühle bewusst, nimmt diese wahr und akzeptiert sie. Zudem verkörpert sie emotionale Heilung und Stabilität. Achtsamkeit und die Annahme der Dinge, so wie sie in diesem Moment sind, sind große Learnings, die sie auf ihrem Weg gemeistert und integriert hat. Sie hat ein großes Herz und ist stets bemüht, ihr Umfeld emotional zu unterstützen und für andere da zu sein. Daher ist es für sie umso wichtiger, sich emotional abzugrenzen und auf die eigene psychische Hygiene zu achten.

Königin der Schwerter

Klarheit und Stärke, hilfreiches Mindset, vermittelt Wissen, gute Ratschläge
Charaktereigenschaften: klug, ehrlich, sachlich

Impulse: Die »Königin der Schwerter« hat auf ihrer Reise durch die Kleine Arkana viele Rückschläge und Herausforderungen durchlebt und gemeistert. Dadurch hat sie eine gewisse innere Stärke entwickelt und verfügt zudem über einen scharfen Verstand und eine sehr gute Auffassungsgabe, die sie gewinnbringend einsetzen kann. Durch das Erlebte und ihre innere Stärke kann sie als kühl wahrgenommen werden, was ihr jedoch nicht gerecht wird. Sie ist womöglich eine rationale Ratgeberin, allerdings beruht diese Fähigkeit darauf, dass sie gelernt hat, Dinge mit einem gewissen Abstand zu betrachten und sich gerade in herausfordernden Situationen nicht unbedingt von emotionalen Wellen leiten zu lassen.

DIE KÖNIGE

Passend zu den jeweiligen Königinnen, erleben wir mit den Königen das männliche Prinzip der Energien. Der König hat bereits bestimmte Ziele erreicht, denen die Ritter noch nachjagen, und fungiert somit eher als Mentor, der aber auch mit anpacken kann und nicht in Passivität verharrt.

König der Stäbe

Unternehmertum, Leader, inspiriert mit seinen Visionen, Lebensenergie
Charaktereigenschaften: leidenschaftlich, souverän, visionär

Impulse: Der »König der Stäbe« ist der ultimative Unternehmer im Tarot. Er hat seine Leidenschaft zum Beruf gemacht und verkörpert damit alles, was sich viele wünschen. Er ist stets seiner Vision gefolgt, ganz egal, was andere dazu gesagt haben. Denn er weiß, was er kann, was er will, und hat keine Angst vor Rückschlägen. Er ist ein Teamplayer und ein Leader, der nicht nur den Ton angibt, sondern selbst mit anpackt. Er steht für andere ein und es ist ihm wichtig, dass niemand auf der Strecke bleibt. Mit seiner selbstbewussten und lebensbejahenden Art, mit der er fast alles spielend zu schaffen scheint, inspiriert er viele Menschen. Doch Vorsicht: Sollte etwas zu viel Feuer im Spiel sein, kann es auch mal hitzig werden. Denn neben seinen vielen positiven Eigenschaften kann der »König der Stäbe« auch ziemlich dominant sein oder zu hohe Erwartungen an andere haben.

König der Münzen

Wohlstand, Sicherheit und Verwurzelung, Beständigkeit, Vaterfigur
Charaktereigenschaften: zuverlässig, gutmütig, realistisch

Impulse: Passend zum Tierkreiszeichen Stier, mit dem der »König der Münzen« in vielen Decks sogar abgebildet wird, steht er für Wohlstand, Sicherheit und Genuss. Harte Arbeit, Geduld und Durchhaltevermögen sind ihm jedoch nicht fremd und so ist es einer gewissen Beharrlichkeit geschuldet, dass er diesen Wohlstand nun erreicht hat. Er konnte seine Ziele erreichen und kann seinen Wohlstand nun in vollen Zügen genießen. Dabei legt er Wert auf eine gewisse Unabhängigkeit, zögert dabei jedoch nicht, andere (finanziell) zu unterstützen und zu begleiten. Er bleibt stets bodenständig und nahbar und fungiert, passend zur »Königin der Münzen«, als eine Art unterstützende Vaterfigur, auf die stets Verlass ist. Er ist kein übermütiger »Zocker«, geht eher selten Risiken ein, sondern setzt auf Sicherheit und beständiges Wachstum.

König der Kelche

Emotionales Gleichgewicht, Fels in der Brandung, guter Ratschlag in seelischen Belangen, gibt anderen Halt
Charaktereigenschaften: gefühlsbetont, hilfsbereit, liebevoll

Impulse: Der »König der Kelche« ist der liebevolle Mentor, der sich stets Zeit für seine Zöglinge nimmt. Dabei ist er empathisch, kann sich sehr gut in andere hineinfühlen und hat zu allerlei seelischen Belangen einen Rat auf den Lippen. Dies liegt unter anderem an seiner seelischen Stärke und emotionalen Balance. Durch seine Sanftheit und Verbindlichkeit stellt er für andere oft einen Fels in der Brandung dar. Er ist emotional intelligent, hat eine gute Anbindung an seine Intuition und ist darauf bedacht, die Wichtigkeit der inneren Stimme auch seinem Gegenüber zu vermitteln. Er führt in emotionaler Stärke, setzt aber dennoch liebevolle Grenzen, um sich selbst zu schützen, wenn es nötig ist.

König der Schwerter

Mentale Stärke, Wissen & Intelligenz, Klartext
Charaktereigenschaften: klug, rational, kühl

Impulse: Der »König der Schwerter« ist ein ausgezeichneter Mentor in allen Fragen rund um Wissen, Kommunikation und das richtige Mindset. Denn genau mit diesem hat er es geschafft, sich das zu kreieren, was er heute erfolgreich lebt. Als Gegenstück zur »Königin der Schwerter« verfügt auch der König über mentale Stärke, einen klaren Verstand und tiefes Verständnis für verschiedenste Themen. Er ist wortgewandt, interessiert und lässt andere gern an seinem Wissen partizipieren. Gerade deshalb wird er manchmal als äußerst kopfbetont und womöglich ein wenig kühl wahrgenommen. Die gesunde Distanz zu seinem Gegenüber hilft ihm, den anderen zu spiegeln und ihn aus seinen eigenen Grübeleien und Gedankenschleifen herauszuholen.

Die Große Arkana

Die Große Arkana werden auch gern die Trümpfe im Tarot genannt. Sie spiegeln unsere Lebensthemen wider und folgen einer archetypischen Heldenreise. »Der Narr« bricht auf in ein neues Abenteuer und erfährt dabei sämtliche Rückschläge, Learnings und begegnet immer wieder Herausforderungen, die er meistern muss. Zudem setzt er sich sehr viel mit sich selbst und seinem Umfeld auseinander und kommt im besten Fall um viele Erfahrungen reicher von seiner Reise zurück.

Die Große Arkana – Überblick

0 – Der Narr	XI – Gerechtigkeit
I – Der Magier	XII – Der Gehängte
II – Die Hohepriesterin	XIII – Tod
III – Die Herrscherin	XIV – Die Mäßigkeit
IV – Der Herrscher	XV – Der Teufel
V – Der Hierophant	XVI – Der Turm
VI – Die Liebenden	XVII – Der Stern
VII – Der Wagen	XVIII – Der Mond
VIII – Kraft	XIX – Die Sonne
IX – Der Eremit	XX – Gericht
X – Rad des Schicksals	XXI – Die Welt

0 – Der Narr

Neuanfang, Leichtigkeit, Vertrauen, Neugier, Individualität leben, Unerwartetes steht uns bevor

Astrologische Zugehörigkeit: Uranus (Herrscherplanet des Tierkreiszeichens Wassermann)

Impulse: Eine neue Reise startet. »Der Narr« beginnt sie mit leichtem Gepäck und voller Vertrauen und Vorfreude. Er weiß, er ist ein Lebenskünstler, und er ist bereit, seine irdischen und spirituellen Erfahrungen auf seinem individuellen Weg zu machen. Mit der 0 ist er der »Joker« der Großen Arkana, der seinen Platz zwar nicht direkt darin, aber dafür überall und auf seine Art in jeder Karte findet. Er ist Teil des großen Ganzen und deshalb dürfen wir uns an jedem Punkt der Großen Arkana auch immer wieder an ihn und unseren Start zurückerinnern. Er fordert uns auf, mutig zu sein und offen in Bezug auf Neues zu bleiben. Darüber hinaus ermutigt er dich dazu, deine Individualität anzuerkennen und zu leben.

Jahreskarte: Mit »Der Narr« als Jahreskarte darfst du unbefangen und frisch in dein Jahr starten. Mit dem »Geist des Anfängers« darfst du neuen Möglichkeiten offen begegnen, ohne gleich zu urteilen. Wie ein Kind kannst du dich an den Schönheiten des Lebens und manchmal auch an ihrer Einfachheit erfreuen. Dabei lässt du einen alten Lebenszyklus hinter dir, den du im letzten Jahr gemeistert, verdaut und reflektiert hast. Es erfordert definitiv eine große Portion Mut, diesen Schritt zu wagen, aber diese Reise birgt ein unheimliches Potenzial für dich. Du trägst quasi ein leeres Notizbuch bei dir, das nun bereit ist, gefüllt zu werden mit sämtlichen Abenteuern und Erlebnissen, die das Leben für dich bereithält. Dabei darfst du mit offenem Herzen voranschreiten und die Dinge in ihrer Essenz erfahren. Begib dich gern hin und wieder in die Position des Beobachters.

Persönlichkeitskarte: Mit dem »Narren« als Persönlichkeitskarte darfst du dir deine Neugier und deine Freude am Leben und an neuen Wegen immer wieder bewusst machen. Du möchtest in diesem Leben viele Reisen meistern, Neues lernen und dich immer wieder neu erfahren. Wichtig dabei ist, dass du dir selbst treu bleibst. Wie das Tierkreiszeichen Wassermann, das in direkter Verbindung mit dem »Narren« steht, ist es für dich wesentlich, dein authentisches Selbst zu leben und zu erfahren. Dabei darfst du dich selbst ausprobieren und neue Wege testen. Du brauchst auch nicht zu verzweifeln, wenn Dinge einmal nicht so laufen, wie du sie ursprünglich geplant hast. Das große Geschenk des »Narren« ist, dass er sich selbst nicht zu ernst nimmt und mithilfe seiner Kreativität immer neue Arten findet, seine Reise fortzusetzen und sein Ziel zu erreichen.

Leitspruch: Sei du selbst, egal was kommt!

I – Der Magier

Alle Ressourcen nutzen, Kreativität, Schöpferin/Schöpfer deines Lebens sein, Manifestation, sich selbst ausprobieren, Dinge aus dem Universum heraus in die Welt bringen

Astrologische Zugehörigkeit: Merkur (Herrscherplanet des Tierkreiszeichens Zwillinge)

Impulse: »Der Magier« erinnert uns an unsere eigene Kreativität und Schaffenskraft. Wir sind die Brücke zwischen dem Universum und der Erde. Wir sind sozusagen der Kanal einer höheren Energie – egal, ob du diese Schöpfung oder Universum nennen möchtest – und sind bereit, Dinge zu empfangen und auf diese Welt zu bringen. Dabei geht es nicht um Perfektionismus oder die »absolute Lösung«, sondern eher darum, dich auszuprobieren und es einfach mal zu machen. Passend zur astrologischen Zuordnung (Merkur), geht es dabei auch um Kommunikation und Offenheit.

Jahreskarte: Mit dem »Magier« als Jahreskarte hast du die volle Manifestations-Power auf deiner Seite. Deshalb ist es ganz wichtig, dass du dir deiner Wünsche und Visionen bewusst bist, damit du auch aktiv werden kannst. Du kannst dein Jahr wunderbar mit einem Visionboard einleiten, gespickt mit den Wünschen und Zielen für dein neues Jahr. Diese sollten natürlich in gewisser Weise realistisch und erreichbar für dich sein, auch wenn du groß träumen darfst. Besonders wenn es um langfristige Ziele und mögliche Richtungsänderungen geht. Bewahre dir diesbezüglich die Freude am Erschaffen, die Freude am Prozess selbst. Du hast all die nötigen Ressourcen in dir, um deine Magie in die Welt zu tragen.

Persönlichkeitskarte: Mit dem »Magier« als Persönlichkeitskarte bist du wahrscheinlich eine Person, die sich ihrer eigenen Wünsche und Visionen bewusst ist und diese gut kommunizieren kann. Sollte sich dies für dich noch komisch oder ungewohnt anfühlen, kann das daran liegen, dass du es bisher vielleicht noch nicht gelebt hast oder dir deine Visionen noch nicht ganz klar sind. Für dich darf im Fokus stehen, dass es nicht immer darum gehen muss, alles im Detail zu planen, sondern einfach loszugehen und selbst kreativ zu werden. »Der Magier« wird in den klassischen Decks wie dem Waite-Smith meist mit allen vier Elementen (Münzen, Schwerter, Kelche und Stäbe) dargestellt und darf dich somit daran erinnern, dass du alles, was du brauchst, bereits in dir trägst.

Leitspruch: Sei kreativ und leg los!

Wesenskarte: Der Freigeist
Du hast vielseitige Talente, bist lösungsorientiert und hast die Fähigkeit, dich schnell auf die Gegebenheiten einzustellen. Probiere dich aus und geh deinen authentischen Weg.

II – Die Hohepriesterin

Innere Weisheit und Intuition, Vertrauen, Unterbewusstsein, Achtsamkeit, im Moment sein

Astrologische Zuordnung: Mond (Herrscherplanet des Tierkreiszeichens Krebs)

Impulse: »Die Hohepriesterin« ist der Archetyp purer Achtsamkeit. Mit ihr sind wir ganz im Moment, bereit, unserer Intuition zu lauschen. Dabei sind wir in einem passiven Modus, empfangend und weise. Passend zum Mond, dem ihr zugeordneten Planeten, erinnert uns »Die Hohepriesterin« daran, dass wir immer vollständig sind, auch wenn wir dies vielleicht gerade nicht sehen können. Jede Mondphase birgt ihre eigenen Besonderheiten und Potenziale und mit dieser Karte werden wir uns dessen noch einmal mehr bewusst. Vielleicht ist jetzt der Moment, uns zurückzuziehen und ganz bewusst unserer inneren Stimme zu lauschen. Den gegenwärtigen Moment einmal anzunehmen, so wie er gerade ist, und ihn nicht zu bewerten. Vielmehr darf es nun um das gehen, was wir gerade brauchen.

Jahreskarte: Vielleicht wird dies kein Jahr der großen Schritte, neuen Projekte oder Sprünge. Es kann sich vielleicht sogar langweilig und zäh für dich anfühlen, muss es aber nicht … Wichtig ist, dass du in diesem Jahr den Fokus ganz besonders auf dich, dein Innenleben, deine Emotionen und die intuitive Verbindung legst. Daran darfst du dich, gerade in stressigen Zeiten, immer wieder erinnern. Das Jahr der Hohepriesterin eignet sich zudem ganz wunderbar dazu, eine gewisse Achtsamkeitspraxis zu etablieren oder zu festigen. Den ersten Schritt kannst du ganz wunderbar machen, indem du weniger bewertest, sondern erst einmal wahrnimmst und dir deiner eigenen Gefühle bewusst wirst. Auch diese sollten nicht beurteilt oder schnell weggeschoben werden. Es kann ein tolles Jahr werden, in dem du die Verbindung zu dir noch einmal stärken kannst.

Persönlichkeitskarte: Der Mond, eng verbunden mit der »Hohepriesterin«, wird dem Tierkreiszeichen Krebs zugeordnet. Vielleicht bist du im Inneren besonders sensibel und feinfühlig, auch wenn du es oft nicht nach außen zeigst (harte Schale, weicher Kern). Du bist ein sehr intuitiver Mensch und kannst, wenn du es zulässt, auch andere dabei unterstützen, sich ihrer Intuition noch mehr bewusst zu werden und sie wieder mehr wahrzunehmen. Durch die enge Verbindung zum Mond kann es gut sein, dass du die Energien des Mondes noch stärker wahrnimmst als andere. Somit ist es für dich umso wertvoller, dich mit den einzelnen Phasen zu beschäftigen und diese für dich zu nutzen. So ist es hilfreich, dich an bestimmten Tagen mehr zurückzuziehen, wenn du merkst, dass du weniger Energie hast als sonst. Mehr über die Mondphasen und wie du diese optimal für dich nutzen kannst, findest du im Kapitel »Leben im Einklang mit dem Mond«.

Leitspruch: Ich bin stets verbunden mit meiner inneren Stimme.

Wesenskarte: Die/Der Intuitive
Du bist ein sehr feinfühliger und intuitiver Mensch. Vertraue deiner inneren Stimme und nimm dir Zeit, ihr immer wieder Gehör zu verschaffen.

III – Die Herrscherin

Weiblichkeit, Fruchtbarkeit, Fülle, Lebendigkeit, Dinge verdienen und annehmen können

Astrologische Zuordnung: Venus (Herrscherplanet des Tierkreiszeichens Stier)

Impulse: »Die Herrscherin« lebt in ihrer weiblichen Energie, der Fülle, ganz im Einklang mit der Natur. Zudem mag sie all das Schöne im Leben, sei es gutes Essen, Ästhetik (zum Beispiel in Form von Kunst) oder alles, was sie glücklich macht. Manchmal kann sich diese Karte jedoch auch etwas unbequem anfühlen, gerade dann, wenn wir das Gefühl haben, uns stehen dieses Glück und die Fülle nicht zu. Wir dürfen uns aber bewusst machen, dass wir genug sind, so wie wir sind. Wir sind richtig, so wie wir sind, und dürfen gute Dinge ohne schlechtes Gewissen annehmen und ohne sie zu hinterfragen.

Jahreskarte: In diesem Jahr geht es für dich besonders darum, dich so anzunehmen, wie du bist, und Fülle für dich zu kreieren. Das muss nicht primär Wohlstand oder äußere Fülle sein, sondern vor allem innere Fühle. Radikal zu dir zu stehen, mit all deinen Makeln, und dich dafür wertzuschätzen und zu lieben, das darf hierbei der Fokus sein. Dieser Prozess ist kein leichter und bedarf sicherlich etwas Übung, gerade wenn du dich bisher eher hintangestellt hast, was deine eigenen Bedürfnisse betrifft. Schau in diesem Jahr ganz besonders darauf, was dich glücklich macht und dazu beiträgt, innere und äußere Fülle zu kultivieren.

Persönlichkeitskarte: Widme dich der Schönheit des Lebens und allem, was damit einhergeht. Für dich ist es wichtig, dass du dich wohlfühlst – mit dir, aber auch in deinem persönlichen Umfeld. Du hast wahrscheinlich viel zu geben und solltest dir daher immer wieder bewusst machen, dass du auch empfangen darfst. Und zwar ohne es dir erst verdienen zu müssen. Gerade die Floskel »Erst die Arbeit, dann das Vergnügen« darfst du getrost einmal außer Acht lassen, denn du bist wahrscheinlich eine Person, die erst gut in den Flow kommt, wenn die eigenen Bedürfnisse gestillt sind. Dies darfst du keinesfalls als egoistisch bewerten, sondern es steht dir genauso zu wie allen anderen auch. Auch die Angst, gute Dinge »nicht zu verdienen«, darfst du gern beiseiteschieben. Mach es dir lieber einmal mehr gemütlich und genieße die schönen Seiten des Lebens. Denn genau das sind die Momente, die deine Akkus aufladen und dir langfristig guttun.

Leitspruch: Ich darf empfangen.

Wesenskarte: Die/Der Empfangende
Du bist kreativ, fürsorglich und hast sehr viel zu geben, das andere inspiriert und bereichert. Vergiss dabei nur nicht, deine eigenen Bedürfnisse zu erfüllen.

IV – Der Herrscher

Solides Fundament, Stabilität, Struktur, Erfolg, Raum einnehmen

Astrologische Zuordnung: Widder

Impulse: »Der Herrscher« ist eine Karte des männlichen Prinzips – aktiv, ein Macher –, getreu dem Tierkreiszeichen Widder, dem diese Karte zugeordnet wird. Er ist sehr präsent und raumeinnehmend. Er entschuldigt sich weder für das, was er ist, noch für seine Überzeugungen und Gedanken. Dem Widder entsprechend, schreckt er auch nicht davor zurück, den Anfang zu machen und für seine Meinung einzustehen. Zwar ist er manchmal etwas zu konservativ und festgefahren, trotzdem hat er viel zu geben, von dem andere Menschen lernen und profitieren können. Eine gewisse Struktur und Disziplin kann sich schließlich in vielen Projekten als durchaus dienlich und hilfreich erweisen.

Jahreskarte: Mit dem Widder startet das astrologische Jahr, was somit auch den Beginn einer neuen Reise für dich ankündigen kann. Vielleicht benötigst du in diesem Jahr viel Durchsetzungskraft, Beharrlichkeit und Struktur, aber trotzdem kommt auch das nötige Feuer nicht zu kurz, das dir als unterstützendes Element zur Seite steht (das Element des Widders). Dieses Jahr ist ganz besonders dafür geeignet, dich nicht länger kleinzumachen, sondern zu dir zu stehen und den Raum einzunehmen, den du verdienst. Falls du dich bisher in Meetings oder Diskussionen eher bedeckt gehalten hast, ist nun die Zeit gekommen, deine Meinung bewusst zu teilen und dafür einzustehen. Diese neue Perspektive kann dir viel Raum für neue Möglichkeiten bringen.

Persönlichkeitskarte: Die Essenz des »Herrschers« als Persönlichkeitskarte ist es ebenfalls, deinen Raum einzunehmen. Befreie dich von der Angst, »anderen zu viel zu sein«, denn im Endeffekt sind das die Empfindungen anderer Personen und nicht deine eigenen. Wenn du dein authentisches Ich lebst, wirst du sicher hin und wieder einmal anecken, aber du bist nicht auf dieser Erde, um allen zu gefallen. Das kannst du auch gar nicht. Selbst wenn du dich zurückhältst, wird es immer Personen geben, die sich an gewissen Charaktereigenschaften, Aussagen oder Handlungen deinerseits stören werden. Deshalb nimm dir deinen Raum, teile dich mit und bring deine Stärken ein.

Leitspruch: Ich bin hier.

Wesenskarte: Die Unternehmerin / Der Unternehmer
Als Pionierin oder Pionier stehst du fest im Leben, bist strukturiert und nimmst die Dinge gern selbst in die Hand. Damit schaffst du es auch, andere zu motivieren und zu begeistern.

V – Der Hierophant

Spiritualität, Vertrauen in das Universum, inneres Wissen, die eigene Wahrheit vertreten, guter Rat, eigene Werte auf dem Prüfstand

Astrologische Zuordnung: Stier

Impulse: »Der Hierophant« wird gern als spiritueller Lehrer oder Mentor dargestellt und kann sich auch in dieser Form in deinem Leben zeigen. Er kann aber genauso dafür stehen, dass du dir deiner eigenen Fähigkeit als Mentorin oder Mentor bewusst wirst. Du selbst bist die Verbindung zwischen dem Universum und der Erde und trägst den Schlüssel zur (inneren) Weisheit in dir. Wenn dir der »Hierophant« begegnet, ist es immer ratsam, deine eigenen Werte auf den Prüfstand zu stellen und dich auch mit deinen Glaubenssätzen und etwaigen Konditionierungen auseinanderzusetzen. Mach dir bewusst, wo du gerade stehst und welche Glaubenssätze über dich schlicht und ergreifend nicht wahr sind. Dies darfst du nun im Vertrauen bearbeiten und loslassen.

Jahreskarte: In diesem Jahr darfst du dich auf eine andere Art und Weise auf die Reise zu dir selbst machen. Vielleicht bekommt die Spiritualität jetzt einen neuen Stellenwert für dich und du widmest dich neuen spirituellen Themen oder Praktiken. Vielleicht ist es aber auch an der Zeit, deine eigenen Werte zu hinterfragen. Welche Glaubenssätze über dich darfst du in diesem Jahr auflösen und welche möchtest du stattdessen integrieren?

Persönlichkeitskarte: Es kann gut sein, dass du das Gefühl hast, dich ständig im Wandel zu befinden. Ganz so, als wärest du gezwungen, verschiedene Charaktereigenschaften zu vereinen – aber das musst du nicht. Du bist alles und eins mit dem Universum. Energetisch sind wir alle verbunden. Ist das nicht ein schöner Gedanke? Mit dem »Hierophanten« als Wesenskarte geht es für dich vorrangig darum, dich selbst in diesem Leben zu erfahren. Dazu gehören spirituelle Erfahrungen und Erkenntnisse ebenso wie irdische, die dich als Menschen ausmachen. Durch diese Erfahrungen, deinen gesamten Wissensschatz und deine intuitive Anbindung an das Universum kannst du andere unterstützen, ebenfalls in diese Verbindung zu kommen und eigene (spirituelle) Erfahrungen zu sammeln.

Leitspruch: Ich bin alles.

Wesenskarte: Die/Der Lehrende
Du hast die Gabe, anderen Wissen zu vermitteln und sie dort abzuholen, wo sie gerade stehen. Wichtig ist, dass du diese Gabe stets unter Beachtung deiner eigenen Werte einsetzt.

VI – Die Liebenden

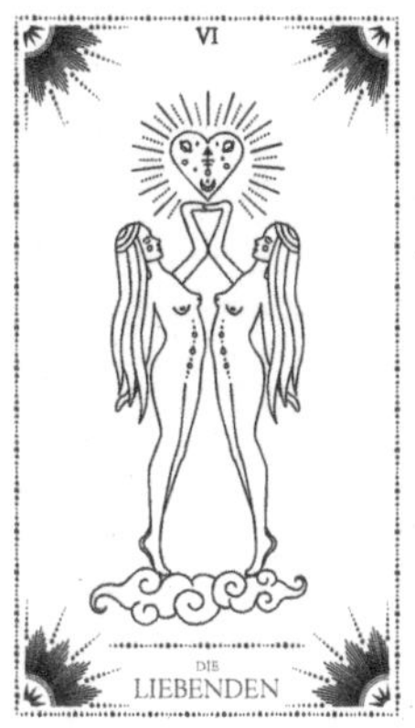

Entscheidungen aus dem Herzen treffen, Verbindungen, Liebe (auch zu dir selbst), Harmonie herstellen

Astrologische Zuordnung: Zwillinge

Impulse: Anders als in der klassischen Deutung der »Liebenden« als Karte für Beziehungen, die wahre Liebe und alles, was dazugehört, steht diese Karte auch für dich und die Liebe zu dir selbst. Sie fordert dich auf, Entscheidungen zu treffen, die dir entsprechen, und dich nach deinem Herzen auszurichten. Du darfst dich in den Fokus stellen, ob in zwischenmenschlichen Beziehungen oder im Alltag allgemein. Selbstakzeptanz steht zudem im Fokus dieser Karte. Dies bedeutet auch, den Blick nach innen zu richten. Vielleicht ertappst du dich immer wieder dabei, wie du gewisse Stärken und Talente an anderen bewunderst, deine eigenen aber kleinredest oder schlichtweg gar nicht siehst. Anstatt zu betrachten, was du vermeintlich nicht hast, mach dir deine Einzigartigkeit bewusst und nimm wahr, was alles in dir schlummert.

Jahreskarte: In diesem Jahr ist es gut möglich, dass einige größere Entscheidungen anstehen. Du kommst aus einem Jahr des Hierophanten, hast vermutlich einige Werte und Glaubenssätze über dich und dein Leben hinterfragt und transformiert und bist nun bereit, aktiv zu werden und die nötigen Entscheidungen zu treffen, die dir und deinem Herzen entsprechen. Verlieb dich neu in dich und dein Leben und gestalte deinen Alltag nach deinen Wünschen und Vorstellungen.

Persönlichkeitskarte: Zwischenmenschliche Beziehungen sind dir wichtig, genauso wie der Austausch mit anderen. Du bist wahrscheinlich ein richtig guter Socializer (ganz dem Tierkreiszeichen Zwillinge entsprechend) und kannst dich sehr gut in Gruppendynamiken einfinden. Deine Gesellschaft wird geschätzt, weil du viel zu erzählen hast, offen und humorvoll bist. Wichtig ist, dass du diese wunderbaren Charaktereigenschaften (und sicherlich noch viele mehr) von dir zu schätzen weißt und dich selbst genau so zum Ausdruck bringst, wie du bist. Selbstliebe und Selbstfürsorge sind zentrale Themen für dich und sollten nicht zu kurz kommen. Wenn es um Entscheidungen geht, darfst du gern andere um Rat fragen. Es tut dir gut, darüber zu sprechen. Allerdings ist es umso wichtiger für dich, am Ende auf dich und dein Herz zu hören, wenn es um deinen Weg geht.

Leitspruch: Ich liebe mich selbst.

Wesenskarte: Die/Der Verbundene
Du sehnst dich nach Verbindung und möchtest dem Ruf deines Herzens folgen. Zwischenmenschliche Beziehungen sind dir wichtig, jedoch sollten diese immer im Einklang mit deinem Herzen und einer gewissen (Entscheidungs-)Freiheit eingegangen werden.

VII – Der Wagen

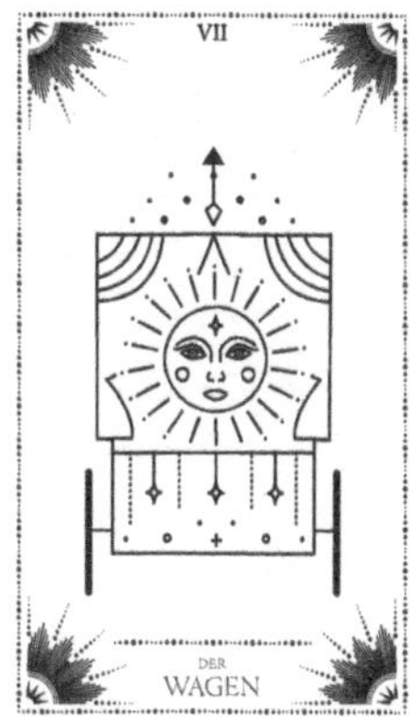

Fokus, Aufbruch, Zielführung, Selbstbestimmung, Entschlossenheit

Astrologische Zuordnung: Krebs

Impulse: Es ist an der Zeit, neue Wege zu gehen. Der Wagen symbolisiert einen Aufbruch – eine Art Flüggewerden. Dies geht mit einem gewissen Verlust einher, der auch mit Trauer oder Ängsten in Verbindung stehen kann. Du entwächst einem Zyklus und bist bereit, einen neuen Zyklus einzuleiten. Es ist ein wenig wie mit einem Paar Lieblingsschuhe, das dich durch einen gewissen Lebenszyklus begleitet hat. Du hast diese Schuhe lieb gewonnen und viel mit ihnen erlebt, aber du merkst schon länger, dass du ihnen nun entwachsen bist und sie langsam anfangen, unangenehm zu drücken. Dein neues Paar steht schon bereit und nun geht es darum, es anzuziehen und zielgerichtet loszumarschieren. »Der Wagen« steht für Selbstermächtigung und Selbstverantwortung. Auch wenn du einige Dinge hinter dir lässt, ist der Blick stets nach vorn gerichtet. Dieser Wandel ist zu 100 Prozent selbstbestimmt und initiiert, anders als beim »Turm«, bei dem der Wandel über uns hereinbricht und wir eher in einer reaktiven Position sind.

Jahreskarte: Dieses Jahr kommen die Dinge wieder in Bewegung. Gerade wenn du in den letzten Jahren in einer bestimmten Position verharrt hast, nimmt dein Leben nun Fahrt auf. Ich selbst habe die Erfahrung gemacht, dass in einem Jahr des Wagens viele Dinge anders kommen als geplant und man sich in gewisser Weise auch auf die Dynamik einlassen und vertrauen darf. Nutze den Auftrieb dieser Energie, um gewisse Dinge anzustoßen, zu planen und zu realisieren. In diesem Jahr kann einiges schneller gehen als sonst, daher achte ganz besonders auf dich und deine Energiereserven.

Persönlichkeitskarte: Du bist ein regelrechter Wandlungskünstler. Womöglich hast du viele Ideen und Talente, bist interessiert und liebst es, dich neuen Herausforderungen zu stellen. Du probierst gern Dinge aus und hast keine Angst vor Wandel oder Fortschritt. Dies ist ein riesiger Pluspunkt, da du dich sehr schnell auf jegliche Veränderung einstellen kannst, sei es im beruflichen oder privaten Kontext. Trotzdem ist es wichtig, dabei auf dich selbst zu achten und dich nicht zu übernehmen, da du sonst schnell ausbrennen kannst. Mach dir ebenfalls bewusst, dass dich zu viel Struktur und Routine einschränken kann, und lass ein wenig Platz in deinem Leben für Spontanität und Überraschungen.

Leitspruch: Das Leben trägt mich.

Wesenskarte: Die/Der Fortschrittliche
Dir fällt es leicht, aus alten Strukturen auszubrechen und dich neuen Dingen zu öffnen. Sobald du dich in einer Situation festgefahren fühlst, ist es für dich besonders wichtig, auszubrechen, neue Ziele zu visualisieren und diesen Weg zielgerichtet zu verfolgen.

VIII – Kraft

Mut, liebevoller Krafteinsatz, innere Stärke, eigene Ängste überwinden, Besonnenheit

Astrologische Zuordnung: Löwe

Impulse: Diese Karte soll dich an deine innere Stärke erinnern, selbst in Momenten, in denen du dich vielleicht alles andere als stark oder in deiner Kraft fühlst. Sie ist ein sanfter Reminder, dich sowohl an deine eigene Kraft zu erinnern als auch liebevoll mit dir selbst und anderen zu sein. Manchmal ist es gar nicht nötig, den vollen Krafteinsatz zu geben und über deine eigenen Kraftreserven zu gehen, sondern der Situation und deinem Gegenüber einfach liebevoll zu begegnen. Vielleicht wird dir genau jetzt bewusst, dass es gar keinen Sinn macht, mit voller Power in ein Gespräch zu starten, sondern eher ruhig und besonnen etwaigen Herausforderungen gegenüberzutreten. Dies ist kein Zeichen von Schwäche, sondern von Bewusstsein und reflektiertem Handeln. Man kann auch ruhig und liebevoll seinen Punkt deutlich machen und eine gewisse Durchsetzungsfähigkeit an den Tag legen.

Jahreskarte: In diesem Jahr ist es für dich umso wichtiger, deinen eigenen Weg zu gehen und mit einer gewissen Überzeugungsfähigkeit, Willenskraft und Stärke für dich selbst einzustehen. Vielleicht wird deine innere Stärke jetzt ein wenig auf die Probe gestellt und du hast immer wieder das Gefühl, dein Alltag ist mühsam und kräftezehrend. Genau in solchen Momenten darfst du dich selbst hinterfragen, ob es denn wirklich nötig ist, so viel Kraft aufzuwenden, oder ob es auch ein wenig leichter gehen kann. Auch die Annahme deiner selbst, deiner Licht- ebenso wie deiner Schattenanteile, kann dieses Jahr ein Thema sein, das dich etwas länger begleitet.

Persönlichkeitskarte: Mit der »Kraft« als Persönlichkeitskarte bist du dir deiner selbst sehr bewusst. Im Waite-Smith und verwandten Tarot-Decks wird die »Kraft« mit einer Frau, die liebevoll einen Löwen zähmt, dargestellt. Du bist die Frau und der Löwe gleichermaßen. Deine wilde, starke Seite des Löwen will genauso gesehen und gelebt werden wie die sanfte und empathische Seite der Frau. Mach dir immer wieder bewusst, dass du alles sein darfst und alle Anteile von dir gelebt werden dürfen. Du hast viel Kraft und Willensstärke in dir, darfst aber genauso liebevoll und verständnisvoll sein, ohne Gefahr zu laufen, etwas von deiner Stärke einbüßen zu müssen.

Leitspruch: Ich bin mir meiner selbst und meiner inneren Stärke bewusst.

Wesenskarte: Die/Der Selbstbestimmte
Du bist mutig, großherzig, optimistisch und legst großen Wert auf selbstbestimmtes Handeln. Halte dich selbst nicht klein, sondern leg den Fokus immer wieder auf deine selbstbestimmte Entwicklung.

IX – Der Eremit

Innenschau, Zeit für sich, innere Führung, Schritt für Schritt, Reife

Astrologische Zuordnung: Jungfrau

Impulse: »Der Eremit« ist eine Karte des Rückzugs und der Selbsterkenntnis. Gerade in unserer heutigen Gesellschaft von »Höher-Schneller-Weiter« ist es eine Karte, die an Wichtigkeit kaum zu überbieten ist. Wir alle brauchen gelegentlich diesen Rückzug, die Stille, das Alleinsein, um uns selbst wieder nah zu sein und uns zu spüren. Dieses Spüren kann emotionaler sowie körperlicher Natur sein, da wir immer mehr »gelernt« haben, unsere eigenen Bedürfnisse hintanzustellen oder sogar zu ignorieren. Wer kennt es nicht? Trotz Krankheit schleppen wir uns zur Arbeit, helfen beim Umzug oder nehmen lang geplante Verabredungen wahr, um bloß niemanden zu enttäuschen. Wir dürfen wieder lernen, uns eine Auszeit zu nehmen, wenn wir diese brauchen – besser schon, bevor sich körperliche Symptome bemerkbar machen. »Der Eremit« ist die Karte spiritueller Achtsamkeit, um bewusst Dinge zu reflektieren und zu verarbeiten. Im besten Fall schenkt uns die Zeit allein neue Erkenntnisse und eine gewisse Erleuchtung.

Jahreskarte: Dieses Jahr steht für dich im Zeichen der Entschleunigung. Du darfst dir bewusst immer wieder Raum für dich und deine eigene Entwicklung nehmen. In die Stille zu kommen, kann dich sowohl bei deinen alltäglichen Herausforderungen unterstützen als auch dabei helfen, deine spirituelle Praxis zu erweitern und dich noch ein wenig besser kennenzulernen. Diese Stille kannst du in gewissen Praktiken wie Meditation finden, aber auch ganz klassisch bei Spaziergängen oder Wanderungen allein und ohne äußere Ablenkung wie Smartphone und Co. »Der Eremit« sucht seine Erleuchtung einsam in der Natur, da er sich der Kraft und Magie der Natur bewusst ist. Lass diese Magie in diesem Jahr auch für dich wirken.

Persönlichkeitskarte: Vielleicht benötigst du mehr Rückzug und Zeit für dich als andere. Diesen Wunsch nach Einsamkeit solltest du nicht als Bürde erachten, sondern als Geschenk. Es fällt vielen Menschen schwer, allein zu sein oder einfach einmal nichts zu tun. Wir sehnen uns schnell nach Ablenkung, Langeweile ist nur noch schwer zu ertragen. Gerade durch unser Smartphone, das uns quasi schon an der Hand klebt, finden wir in jeder freien Minute unseres Lebens Ablenkung. Doch genau diese Ablenkung bringt uns immer wieder ins Außen, in den Vergleich, in die Hektik des Lebens, in die Nachrichten, die uns sagen, was gerade alles in der Welt los ist … Du hast die Gabe, dich immer wieder zu erden und selbst wahrzunehmen. Nutze sie und die neu gewonnene Langeweile als Motor, um dich in Momenten von Hektik und Stress noch besser abzugrenzen und deine Bedürfnisse klar wahrzunehmen und ihnen auch nachzugeben. Du erfährst eine große spirituelle Reifung, wenn du dir erlaubst, diese Rückzugskraft zu (er-)leben.

Leitspruch: Ich bin stets verbunden.

Wesenskarte: Die Einsiedlerin / Der Einsiedler
Rückzug ist für dich von besonders großer Wichtigkeit. Du benötigst Zeit für dich, um zu reflektieren und innerlich zu wachsen. Vielleicht fühlst du dich permanent »auf der Suche« und gerade dann ist es wichtig, deinen Raum zu achten und dich nicht zu sehr im Außen zu verlieren.

X – Rad des Schicksals

Ein Wendepunkt, dem Leben vertrauen (»Go with the flow«), die richtige Zeit, Weg der Berufung

Astrologische Zuordnung: Jupiter (Herrscherplanet des Tierkreiszeichens Schütze)

Impulse: Manchmal kommt mit dem »Rad des Schicksals« ein kleiner Schockmoment und man fühlt sich, als sei man seinem unabwendbaren Schicksal ausgeliefert. Doch so ist es nicht. Klar, die Karte deutet darauf hin, dass ein Wendepunkt in deinem Leben oder hinsichtlich einer gewissen Situation ansteht. Aber dieser Wendepunkt muss nichts Schlechtes sein. Es kann genauso gut sein, dass sich das festgefahrene Rad deines Leben nun endlich weiterdreht und du in die Richtung geschleudert wirst, die du dir lange gewünscht hast. Wenn man ehrlich ist, ist der Prozess der Veränderung doch die einzige Konstante im Leben, oder? Nun gilt es, diesen bestmöglich für dich zu nutzen.

Jahreskarte: Womöglich steht dein Jahr im Zeichen des Wandels und die bisher gelebte Struktur darf etwas Neuem weichen. Wenn du jemand bist, der gern die Kontrolle behält, kann sich diese Veränderung und Strukturlosigkeit etwas ungewohnt und ungemütlich anfühlen. Wichtig ist dabei, dass du dich nicht gegen den Wandel wehrst, sondern versuchst, ihn unvoreingenommen anzunehmen und ihm bestmöglich positiv entgegenzublicken. Wandel ist per se nichts Schlechtes und manchmal nimmt es uns extrem viel Last von den Schultern, wenn wir die Kontrolle abgeben und uns einfach nur ins Leben fallen lassen. Das »Rad des Schicksals« ist kein unabwendbares Schicksal, dem du ausgeliefert bist. Auch wenn sich gewisse Umstände manchmal so anfühlen können, darfst du dir bewusst machen, dass es in deiner Hand liegt, wie du mit der Situation umgehst und wie du sie für dich nutzen kannst.

Persönlichkeitskarte: Während sich andere mit Wandel schwertun, bist du eine Person, die sich sehr schnell auf neue Gegebenheiten einstellen kann. Wie ein Chamäleon fällt es dir leicht, dich an dein Umfeld anzupassen und Neuem mit Vorfreude anstatt Angst zu begegnen. Womöglich bist du nicht dafür gemacht, diesem einen Job dein ganzes Leben lang nachzugehen, sondern du suchst ganz bewusst immer wieder nach neuen Herausforderungen. Du bist sehr wandelbar und hast eventuell viele unterschiedliche Interessen, daher ist es für dich umso wichtiger, in deinem Leben einen gewissen Spielraum zu kreieren, in dem du dich in all deinen Facetten und Interessen ausleben und, wenn nötig, immer wieder neu erfinden kannst. Mit deiner Wandlungsfähigkeit trägst du eine große Stärke in dir, die dich auch in herausfordernden Situationen oder ungeahnten Wendungen unterstützen kann.

Leitspruch: Ich gebe mich dem Wandel hin.

XI – Gerechtigkeit

Gerechtigkeit, Fairness, erst Abwägen (Waage), dann Handeln (Schwert), ehrlich mit sich selbst sein, Selbstverantwortung.

Astrologische Zuordnung: Waage

Impulse: Fairness ist ein zentrales Thema der »Gerechtigkeit«. Zum einen beschreibt sie die Fairness der gegenwärtigen Lage. Manchmal sind wir in einer Situation, in der wir nicht sein wollen und die wir als unfair empfinden. Dabei kommen oft Gedanken hoch wie »Warum gerade ich?« oder »Warum gerade jetzt?«. Daher ist der erste Schritt, der nun folgen darf, die radikale Annahme der aktuellen Situation. Es ist gerade so, wie es ist.

Im nächsten Schritt dürfen wir uns dann fragen, was wir tun können, um die Situation in eine andere Richtung zu lenken. Welche Schritte können wir aktiv gehen, um uns aus gewissen Strukturen zu befreien, die uns unfair erscheinen? Reicht es, mit den betreffenden Personen ein Gespräch zu führen, oder müssen wir uns ganz von bestimmten Dingen lossagen?

Eine weitere Facette dieser Karte ist der Umgang mit uns selbst und unserem Umfeld. Wir dürfen uns und unser Verhalten reflektieren und uns immer wieder bewusst machen, dass auch unser Handeln Konsequenzen hat. Vielleicht sind andere Personen durch uns in eine bestimmte Lage geraten und fühlen sich von uns unfair behandelt. Wichtig ist daher, die Situation objektiv zu betrachten und ehrlich zu uns selbst zu sein. Dies bedeutet auch, uns mit den eigenen Schwächen und Vorurteilen auseinanderzusetzen.

Jahreskarte: Kommunikation und Selbstreflexion sind in diesem Jahr Schlüsselbegriffe für dich. Wichtig ist, Dinge nicht einfach so hinzunehmen, gerade wenn du dich unfair behandelt fühlst, sondern zu hinterfragen und, wenn nötig, aktiv in den Dialog zu gehen. Dabei darfst du nicht vergessen, dich zunächst selbst zu reflektieren. Damit ist nicht gemeint, dass du dir für deine Situation eine Schuld einräumen musst, sondern eher zu erfahren, wie es dazu gekommen ist, dass du dich nun in dieser Lage befindest. Was kannst du aktiv tun, um zukünftig anders mit einem solchen Thema umzugehen?

Auch in Bezug auf andere darfst du dieses Jahr verstärkt achtsam sein. Wie denkst du über andere? Hast du direkt eine Meinung oder lässt du andere erst einmal zu Wort kommen und hörst vorurteilsfrei zu? Versuche, dich gerade in herausfordernden Situationen zunächst ein Stück herauszunehmen und erst einmal durchzuatmen und zu reflektieren, bevor du die Angelegenheit bewertest und angehst.

Persönlichkeitskarte: Du hast einen ausgebildeten Gerechtigkeitssinn und tust dich schwer mit Ungerechtigkeiten. Dies erstreckt sich von Ungerechtigkeiten, die deine Person betreffen, bis hin zu den Menschen, Tieren oder Themen, die dir wichtig sind. Dieser ausgeprägte Sinn kann dich sowohl im privaten als auch im beruflichen Kontext sehr unterstützen, da du über eine große Empathie und ein hohes Maß an Verantwortungsbewusstsein verfügst. Sei daher besonders liebevoll mit dir selbst und bürde dir nicht zu viel auf, indem du andere immer wieder beschützen möchtest und dich in der Verantwortung siehst, andere glücklich zu machen, wenn nicht gar zu »retten«. Natürlich kannst und sollst du dich für das »Allgemeinwohl« einsetzen, da es sicher auch etwas ist, das dir selbst guttut. Aber achte dabei stets auf deine eigenen Grenzen und Emotionen. Es soll nicht zu einer körperlichen und emotionalen Belastung werden.

Leitspruch: Ich begegne mir stets verantwortungsvoll.

XII – Der Gehängte

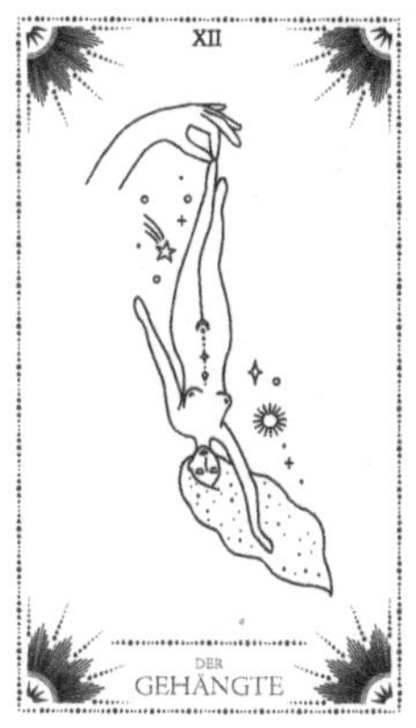

Perspektive wechseln, Shift im Mindset, Erleuchtung finden, Befreiung

Astrologische Zuordnung: Neptun (Herrscherplanet des Tierkreiszeichens Fische)

Impulse: »Der Gehängte« ist eine Karte, die sich sehr herausfordernd für uns anfühlen kann. Es ist die Karte vor dem Tod und läutet gewissermaßen die Metamorphose ein. Wenn wir uns bisher innerhalb der Großen Arkana in einer Art Raupenzeit befunden haben, zeigt »Der Gehängte« nun die Phase an, in der wir als Puppe darauf warten, endlich ein Schmetterling zu werden. Diese Untätigkeit kann sehr anstrengend sein und wir sind oft versucht, das Ganze zu beschleunigen, was uns allerdings nicht gelingen kann, ganz egal, wie viel Mühe wir uns geben. Denn diese Phase ist wichtig. Wir bereiten uns auf unsere Transformation vor, streifen Dinge ab, die nicht länger zu uns gehören, und schaffen damit eine gewisse Art der Erleuchtung und inneren Befreiung. Wichtig ist, sich in diesem Prozess, der einem Stillstand gleicht – rein äußerlich, denn innerlich passiert unglaublich viel –, immer wieder bewusst zu machen, dass er nicht für immer anhält. Es ist nur eine Phase.

Jahreskarte: Dieses Jahr kann sich für dich möglicherweise anfühlen wie ein Dauerherbst. Du bereitest dich, genauso wie die Natur im Herbst, auf die Transformation vor und machst die innere Arbeit, die eben genau dafür nötig ist. Die Blätter dürfen fallen, alles darf gehen, was nicht länger zu dir gehört und was du für dich nicht mehr (sein) möchtest. Dieses Jahr steht ganz im Zeichen der inneren Arbeit, einer Art Bestandsaufnahme und auch des inneren Wachstums, um der großen Transformation, die im nächsten Jahr mit dem »Tod« auf dich wartet, auch gewachsen zu sein. Deshalb ist es auch sehr wichtig, diese innere Arbeit zu tun und als gewinnbringend anzusehen. Denn dadurch entwickelst du eine noch tiefere Verbindung zu dir selbst und zum Universum.

Persönlichkeitskarte: Während andere sich oftmals schwer damit tun, Dinge aus der Vogelperspektive zu betrachten und mit Situationen von einem anderen Blickwinkel aus umzugehen, fällt dir das oftmals leicht. Du hast den Blick fürs Wesentliche, wenn andere »zu schwimmen« scheinen. Dies kannst du dir sowohl im Arbeitsumfeld als auch in deinem Privatleben zunutze machen. Denn meist hast du schon die Lösung parat, wenn andere noch das Problem analysieren. Du kannst mit schwierigen Situationen umgehen und längere Durststrecken überwinden. Versuche allerdings, dich nicht in diesem Prozess zu verlieren und ins Träumen zu verfallen. »Der Gehängte« ist dem verträumten, sensitiven Tierkreiszeichen Fische zugeordnet, das sehr feinfühlig und empathisch ist, aber auch dazu neigen kann, sich in Tagträume zu flüchten.

Leitspruch: Ich bringe Licht ins Dunkel.

XIII – Tod

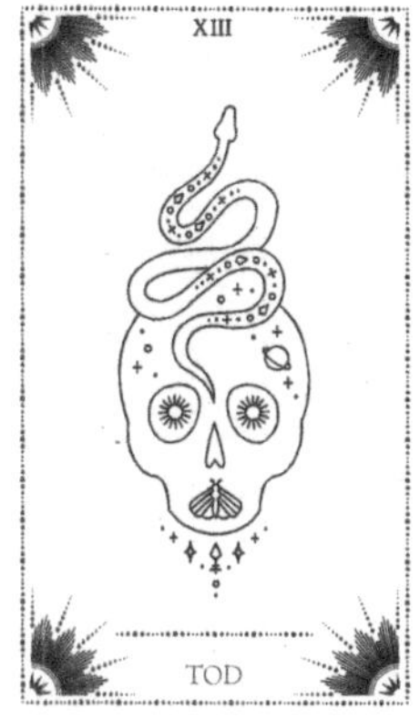

Transformation, Erlösung, vollständige Verwandlung, Loslassen, Abschied, Trauer, Stagnation

Astrologische Zuordnung: Skorpion

Impulse: Leider ist der »Tod« eine der gefürchtetsten und unerwünschtesten Karten des gesamten Tarot-Decks. Doch wieso eilt ihr ein so schlechter Ruf voraus? Als Menschen, die ein gewisses Sicherheitsbedürfnis haben, tun wir uns mit Veränderung und Transformation besonders schwer. Doch wir befinden uns innerhalb unseres Lebenszyklus in einem stetigen Wandel und der Tod gehört zu diesem genauso dazu wie der jeweilige Neubeginn. Ohne dass etwas stirbt oder wir eine Tür schließen, können wir uns nicht für eine neue entscheiden. Auch die Raupe muss durch die Zeit der Puppe, um schlussendlich zu einem wunderschönen Schmetterling zu werden und in ein neues, vielleicht sogar besseres Leben zu starten. Deshalb mein Reminder an dich: Diese Karte birgt ein unglaublich großes Potenzial, auch wenn du es im Moment vielleicht noch nicht erkennen kannst, weil sich alles gerade unbequem und schrecklich anfühlen mag. Mach dir bewusst, dass diese Transformation ein Prozess ist, durch den du gehen musst und der sich nicht durch äußere Faktoren beschleunigen lässt. Wachstum kann anstrengend und schmerzhaft sein, doch danach warten neue Möglichkeiten und Erkenntnisse auf dich, denn Krise bedeutet oftmals Chance.

Jahreskarte: Während ich den »Gehängten« als kleinen Dauerherbst beschrieben habe, sind wir mit dem »Tod« in deinem Winter angekommen. Doch Winter muss nichts Schlechtes bedeuten. Denn nun darf einiges auf den Prüfstand gestellt werden, es wird Raum zur Reflexion geschaffen und (innere) Transformation angestoßen. Womöglich erlebst du dieses Jahr als sehr intensiv und erkenntnisreich. Vielleicht schmerzen alte Wunden, denen du dich in diesem Jahr noch einmal besonders widmen darfst, um nächstes Jahr die lang ersehnte Heilung zu erfahren und einen großen Schritt nach vorn zu gehen. Dieser Prozess ist für deine gesamte Entwicklung enorm wichtig, deshalb gib dich ihm hin und stell dich etwaigen Ängsten, die damit einhergehen.

Persönlichkeitskarte: Keine Panik, du bist weder verflucht noch unglücksbringend. Du bist eine Person, die sich ähnlich wie der Skorpion, dem diese Karte zugeordnet ist, nicht scheut, tief zu blicken und sich selbst zu reflektieren. Du verfügst sicherlich über psychologisches Geschick und kannst dich und dein Umfeld daher selbst sehr gut einschätzen. Wahrscheinlich interessiert du dich sehr für Themen wie Psychologie, Astrologie oder andere Tools, die sich mit dem Menschen und der eigenen Persönlichkeit auseinandersetzen. Du bist dir deiner selbst sehr bewusst und kennst deine Schatten- sowie Lichtseiten. Falls du dich nun fühlst, als würde diese Beschreibung noch gar nicht auf dich zutreffen, hinterfrage gern einmal, warum dies so ist. Vielleicht gibt es gewisse Anteile in dir, denen du noch ein wenig mehr Liebe und Aufmerksamkeit schenken darfst, um dich ganz annehmen und authentisch zeigen zu können.

Leitspruch: Ich blicke tief.

XIV – Mäßigkeit

Balance, Gelassenheit, das richtige Maß, Heilung, alles im Einklang

Astrologische Zuordnung: Schütze

Impulse: Auf eine herausfordernde und transformative Zeit folgt nun die Zeit der Heilung. Womöglich bist du ein bisschen müde, nachdem vieles angestoßen und aufgearbeitet wurde, und du darfst dir bewusst die Zeit nehmen, wieder ganz bei dir anzukommen. Gerade jetzt ist es wichtig, eine gesunde Balance zu schaffen und regelmäßig bei dir einzuchecken. Was brauchst du gerade wirklich und wo kannst du vielleicht noch einen Schritt zurücktreten und entschleunigen? Dies betrifft nicht nur deinen Geist und deine seelische Verfassung, sondern auch deinen Körper. Diese Karte ist ein Hinweis darauf, alles mit Bedacht anzugehen und deine Akkus erst einmal wieder aufzuladen, bevor du dich in etwas Neues stürzt. Mach dir bewusst, dass alles vor dir liegt und kein Grund zur Eile besteht.

Jahreskarte: Achte dieses Jahr ganz besonders auf deine Ressourcen und ausreichend Zeit für dich. Selbstfürsorge, Selbstliebe und Heilung stehen jetzt im Fokus. Vielleicht ist dies kein Jahr großer Veränderungen – und selbst wenn Veränderung ansteht, sieh zu, dass du diese immer in Einklang mit deiner körperlichen und seelischen Verfassung bringen kannst. Uns wird gern einmal erzählt, dass Pause Rückschritt bedeutet. Dem ist allerdings nicht so. Selbst im Sport wird uns eindrücklich verdeutlicht, dass wir eine gewisse Zeit der Ruhe benötigen, um regenerieren und danach wieder voller Power durchstarten zu können. Schau immer wieder, was dir gerade guttut und worin du deine Kräfte investieren möchtest.

Persönlichkeitskarte: Wie kaum ein anderer verfügst du über ausgeprägte Selbstheilungskräfte und die Ressourcen, andere bei ihrer eigenen Heilung zu unterstützen. Wahrscheinlich kannst du sehr gut zuhören und auf dein Gegenüber eingehen. Getreu dem Schützen, dem diese Karte zugeordnet ist, versprühst du dabei Zuversicht, Leichtigkeit und Freude. Deine positive Art macht es anderen leicht, einen Draht zu dir aufzubauen und sich dir zu öffnen. Vergiss dich dabei jedoch selbst nicht und achte auf deine Ressourcen und deinen Körper, sonst kann es schnell einmal passieren, dass du über deine Grenzen hinausgehst.

Leitspruch: Ich bin in Balance und voller Zuversicht.

XV – Der Teufel

Abhängigkeiten erkennen, mit ungesunden Gewohnheiten brechen, freiwillige (Co-)Abhängigkeit, Verstrickung

Astrologische Zuordnung: Steinbock

Impulse: Dem »Teufel« eilt ein gewisser Ruf voraus, kein allzu guter – leider! Gerade wenn man an Bücher oder Hollywoodfilme denkt, geht diese Karte gern einmal mit Themen wie Betrug innerhalb einer Beziehung, ungesunden Beziehungen oder Süchten einher. Doch wenn wir es uns erlauben, ist diese Karte deutlich vielschichtiger und vor allem wichtiger für uns, als diese eindimensionale Deutung ahnen lässt. Sie ist auch eine Karte des Wachstums. Wir machen uns frei von limitierenden Gedanken, die uns zwar in vermeintlicher Sicherheit halten, aber dabei stark einengen. Dieser Prozess bedarf eines gewissen Durchhaltevermögens und Disziplin. Wer wäre dieser Herausforderung besser gewachsen als der freiheitsliebende, disziplinierte Steinbock, dem diese Karte zugeordnet ist?

»Der Teufel« schickt uns eine kleine Erinnerung, uns selbst und unsere äußeren Umstände einmal gründlich durchzuchecken und aufzuräumen. Auszumisten, was uns nicht guttut, was uns belastet. Grenzen setzen bei Dingen, die wir nicht länger mit uns tragen oder tun wollen. Nur weil wir jeden Berg erklimmen können, müssen wir das nicht tun. Wir können uns aktiv für uns und unser Wohlbefinden entscheiden. Wir sind für uns selbst verantwortlich und dieses selbstverantwortliche Handeln darf nun in den Vordergrund rücken.

»Der Teufel« ermutigt uns zudem, aus gewissen Strukturen und Sicherheiten auszubrechen. Nur weil etwas sicher ist, heißt es noch lange nicht, dass es uns guttut. Unser Verstand präferiert oft die Sicherheit, weil uns Unbekanntes Angst macht – könnte ja schiefgehen. Aber noch schlimmer ist es, in einer zwar bekannten Situation zu verharren, die uns aber langfristig nicht guttut.

Jahreskarte: Nachdem das letzte Jahr (mit der »Mäßigkeit«) sehr viel Heilung und dir dadurch womöglich ein neues Selbstbewusstsein gebracht hat, geht es nun vermehrt darum, dein Leben und deinen Alltag gehörig aufzuräumen. Stell deine Routinen und deinen Alltag auf den Prüfstand. Was tut dir nicht gut und welche Lösungen gibt es, deine Themen aktiv anzugehen und zu verändern? Natürlich gibt es Dinge im Leben, die einfach erledigt werden müssen, aber jetzt geht es eher darum, wie du einen für dich passenden Rahmen schaffst, in dem du dich frei, gesund und glücklich bewegen kannst. Auch zwischenmenschliche Beziehungen solltest du unter die Lupe nehmen. Und wenn du dich in einer Freundschaft, Beziehung oder unter den Kollegen und Kolleginnen nicht mehr wohlfühlst, sprich es offen an und ziehe, wenn sich nichts zum Besseren verändert, einen Schlussstrich.

Persönlichkeitskarte: Wahrscheinlich ist es dir längst bewusst, du bist eine Kämpfernatur. So schnell wirft dich nichts aus der Bahn, denn du bist eine starke Persönlichkeit, die sich mit klugen Lösungen aus den kniffligsten Situationen befreien kann. Doch nur weil du jede Situation lösen und jede Herausforderung meistern kannst, musst du dies nicht. Gestatte dir ebenso, deine schwache Seite zu zeigen, um Hilfe zu bitten und deine eigenen Grenzen zu achten. Gerade wenn man viel Durchhaltevermögen und Stärke an den Tag legt, ist es umso wichtiger, auf seinen Körper zu hören und sich aktiv Ruhepausen zu gönnen. Vergiss nicht, dass du nicht immer stark sein musst und dass nicht jeder Tag dafür gemacht ist, in einem bestimmten Bereich die Fesseln zu sprengen und aufzuräumen. Es reicht manchmal auch, einfach nur du zu sein.

Leitspruch: Inmitten des Sturms sorge ich für mich.

XVI – Der Turm

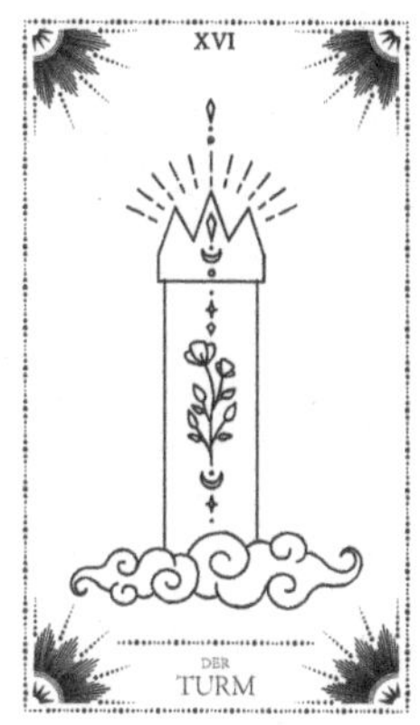

Chaos, Raum für Neues wird geschaffen, Durchbruch, radikale Veränderung, Möglichkeit, sich neu zu erfinden, Sicherheitsverlust

Astrologische Zuordnung: Mars (Herrscherplanet des Tierkreiszeichens Widder)

Impulse: Hier schlittern wir direkt hinein in die »Grande Catastrophe«. Anders als beim »Wagen«, bei dem wir uns aktiv entscheiden, etwas hinter uns zu lassen, das uns nicht mehr entspricht, haben wir beim »Turm« keine Wahl. Manchmal erwischt uns die »Turm«-Energie also recht unvorbereitet, was uns schon mal den Boden unter den Füßen wegreißen kann – machen wir uns nichts vor. Manchmal ahnen wir bereits, dass etwas Gewaltiges auf uns zukommen wird. Ähnlich wie bei einem Gewitter, das sich schon mit dem speziellen Geruch ankündigt, der vorab in der Luft liegt. Doch wie kann der »Turm« dann nur im Ansatz etwas Gutes haben? In meinen Readings sage ich immer, dass ich den »Turm« liebe, weil er das größte Potenzial bietet. Genau das beschreibt ihn am allerbesten. Denn im Grunde will der Turm nur unser Bestes, auch wenn es wehtut. Er stürzt nicht ein, weil alles wunderbar ist. Er tut es, weil Dinge auf einer Grundlage erbaut wurden, die uns nicht entsprechen. Er stand nicht stabil. Manchmal ist es schmerzhaft, dies anzuerkennen, gerade wenn es um etwas geht, in das wir viel Liebe und Herzblut gesteckt haben. Aber nur durch den Einsturz des Turmes haben wir zum einen die Möglichkeit, an die Wurzel zu kommen, an das, was unter dem Turm begraben liegt. Vielleicht etwas, das wir lange Zeit nicht sehen wollten oder konnten, das nun aber wichtig ist, anzusehen und aufzuarbeiten. Zudem schenkt uns dieser radikale Zusammenbruch die Möglichkeit, noch einmal neu zu starten. Ein solides Fundament zu errichten und den Turm so neu zu gestalten, wie wir es uns wünschen. Mach dir bewusst, dass die »Turm«-Zeit eine herausfordernde Zeit sein kann, aber er lehrt uns auch, dass wir durch Prozesse gehen und schmerzhafte Dinge durchstehen können, von denen wir niemals gedacht hätten, dass wir es schaffen.

Jahreskarte: Ein »Turm«-Jahr kann sehr herausfordernd sein. Ich spreche aus Erfahrung, denn ich komme gerade aus einem. Aber es war eines der besten Jahre für mich seit Langem. Warum? Ich musste viele Dinge loslassen, auch welche, die mir lieb waren, weil es in diesem Moment keine andere Möglichkeit mehr gab. Es ging einfach nicht mehr. Doch dieses Loslassen hat mir erst einmal die Möglichkeit geschenkt, zu hinterfragen, warum ich bestimmte Dinge überhaupt ewig so gemacht und mitgeschleppt habe und was ich überhaupt wirklich will. Man sagt nicht umsonst, dass man erst einmal durch völliges Chaos gehen muss, bevor eine wirkliche Veränderung passieren kann. Und somit ist es in einem »Turm«-Jahr auch umso wichtiger, radikal ehrlich zu dir selbst zu sein und dich nicht direkt mit dem Wiederaufbau und deinen neuen Visionen zu beschäftigen, sondern dich erst einmal um die Trümmer zu kümmern und all das, was darunter verborgen schlummert. Darin liegt die wahre Magie. Erst einmal anzunehmen, dass es gerade so ist, wie es ist, und dich im zweiten Schritt ans große Aufräumen zu machen. Nur wenn du dies für dich meisterst, kannst du im nächsten Jahr (»Der Stern«) in deiner wahren Essenz deinen Weg weitergehen – authentisch, aufrichtig und glücklich.

Persönlichkeitskarte: Mit dem Mars als zugeordnetem Planeten verfügst du über eine unglaubliche Power, über Mut und Durchsetzungsvermögen und womöglich hin und wieder ein wenig Impulsivität. Inmitten von Chaos kommst du gut zurecht. Du verschaffst dir schnell einen Überblick und bist wahrscheinlich die Person, die gut andere durch einen solchen Prozess begleiten kann, indem du ihnen die einzelnen Schritte aufzeigst. Der Mars ist dem männlichen Prinzip zugeordnet, welches für Aktivität steht. Für dich ist es daher besonders wichtig, immer wieder zu schauen, ob gerade eine Dysbalance zwischen deiner männlichen und weiblichen Energie vorherrscht. Tritt auch gern mal einen Schritt zurück, werde passiv und geh ins Empfangen. Die Passivität kann sich im ersten Moment vielleicht etwas ungewohnt und komisch für dich anfühlen, bietet aber den größten Lerneffekt. Und dies ist ja eines der zentralen Themen des »Turms«. Hat man ihn gemeistert, ist man eine andere Person als zuvor, deshalb ist es für dich besonders wichtig, dich selbst immer wieder zu hinterfragen und neu auszurichten. Und dies geht am besten, wenn du dir einen Augenblick der Stille erlaubst.

Leitspruch: Ich beherrsche das Chaos.

XVII – Der Stern

Erfüllung finden, Träume verwirklichen, Berufung, Vertrauen in die Zukunft und das Universum, Reinheit; Sehnsucht, aber nicht benennen können, wonach

Astrologische Zuordnung: Wassermann

Impulse: »Der Stern«, die Karte mit der größten Heilkraft. Eine meiner absoluten Lieblingskarten im Deck und die ultimative Glückskarte. Wenn »Der Stern« in einer Legung auftaucht – gerade in einer Entscheidungslegung –, weiß ich sofort, wohin es mich zieht. Es ist die Karte, die uns zurück zu uns selbst bringt. Wir haben einen langen Prozess hinter uns, durften einiges reflektieren und transformieren und nun sind wir endlich wieder bei uns angekommen. Wie eine Zwiebel haben wir uns von alten Schichten befreit, auferlegten Glaubenssätzen oder vermeintlichen Wünschen unseres Umfelds, Tätigkeiten, die uns schon lange nicht mehr entsprechen, oder Gefühlen, die wir lange verdrängt haben. In den meisten Decks ist die Person auf dieser Karte nackt und die auf den darauffolgenden Karten ebenso. Dies symbolisiert noch einmal mehr, dass wir unser altes Ich hinter uns gelassen haben und nun in unserer puren Essenz den Weg weitergehen.

»Der Stern« ist dem Tierkreiszeichen Wassermann zugeordnet, was noch einmal den Heilungscharakter verstärkt. Der Wassermann ist ein sehr kollektives Tierkreiszeichen, es geht meist nicht nur um eine Person, sondern um das große Ganze. Dies bedeutet, dass dein eigener Heilungsweg ebenso die Heilung deines Umfelds verstärkt. Du veränderst dich und löst somit einen energetischen Dominoeffekt aus. Du hilfst anderen dabei, diesen Prozess ebenso für sich anzustoßen. Ein Grundsatz dieser Karte ist, dir Zeit für deine eigene

Heilung zu nehmen und dich und dein Umfeld gleichermaßen zu nähren. Achte also darauf, dass deine Kelche ebenso gefüllt sind wie die deiner Liebsten.

Jahreskarte: Dieses Jahr steht ganz im Zeichen der Integration und Heilung. Welche Themen und Anteile gibt es noch, die angenommen und integriert werden dürfen? Getreu dem Wassermann geht es nun auch für dich darum, dich deinen Visionen und dem Großen und Ganzen zu widmen. Was möchtest du für dich im Kleinen und für dein Umfeld oder die Welt im Großen? Welche Fußabdrücke möchtest du hier hinterlassen und welchen Mehrwert möchtest du bieten?

Diese Karte ermutigt dich dazu, dich ganz authentisch wahrzunehmen und zu zeigen, auch wenn sich diese »Nacktheit« eventuell komisch anfühlt oder dir Angst macht. Wenn man sich so zeigt, wie man ist, kann dies eine große Angriffsfläche bieten. Doch uns verletzlich zu zeigen, macht uns wiederum nahbar und vor allem frei. Frei von den Glaubenssätzen oder sozialen Prägungen, etwas sein oder verkörpern zu müssen, hin zu dem, was wir wirklich sind und was wir sein und uns geben wollen. Nutze diese (neu gewonnene) Freiheit für dich, deinen Heilungsprozess und deine Ziele und Visionen.

Persönlichkeitskarte: Wahrscheinlich hast du es schon öfter gespürt und wahrgenommen, du bist sehr verbunden mit deinem Umfeld, der Natur und allem, was dazugehört. Du läufst mit offenen Augen und Armen durchs Leben, erkennst Missstände und tust gern alles dafür, Dinge zu verändern und andere zu unterstützen. Dabei tust du dies nicht nur allein, sondern bist auch ein inspirierendes Vorbild für andere. Du scheust dich nicht, dafür neue und ungewohnte Wege zu gehen – vorausgesetzt, es dient dem Wohl der Allgemeinheit. Zudem bist du dir aber auch sehr stark deiner selbst bewusst. Wenn du dein authentisches Ich, deine wahre Essenz lebst, bist du kaum zu bremsen und kannst dir und der Welt unendlich viel Heilung bieten. Falls du schon länger mit dem Gedanken gespielt hast, dich einem sozialen Projekt zu widmen – go for it. Es ist dir nicht nur sehr wichtig, Mehrwert zu schaffen und etwas zu verändern, es wird dich auch nachhaltig glücklich machen und erfüllen – win-win also.

Leitspruch: Ich lebe und achte die Verbindung.

XVIII – Der Mond

Wachstum durch Schattenarbeit, sich mit seinen tiefsten Bedürfnissen auseinandersetzen, Verwirrung, Kontrollverlust, Ängste

Astrologische Zuordnung: Fische

Impulse: Mit dem »Mond« ist vieles ungewiss. Es fühlt sich ein wenig so an, als lägen wir bei Nacht im kalten Wasser und ließen uns treiben. Wir sehen nicht, wohin es geht, womöglich fühlt es sich seltsam oder beängstigend an, und mit der Zeit, die wir dort verbringen, kommen Gefühle hoch, die wir uns gerade so gar nicht wünschen. Wir neigen dazu, uns direkt aus ungewissen Situationen befreien zu wollen. Wir sehnen uns nach Sicherheit, einem Ziel oder einem Rahmen. Doch nicht immer ist dies sofort möglich, deshalb hilft uns die Karte dabei, einen solchen Prozess und die vorherrschende Ungewissheit besser anzunehmen, sodass wir uns langfristig darin wohler fühlen. Mit der Annahme des Ungewissen kommen wir zudem tiefer an unser Unterbewusstsein, unsere Träume und sie hilft uns, uns wieder mit unserer Intuition zu verbinden. Unsere Intuition trägt uns durch die Nacht, denn wir wissen, dass die Nächte endlich sind und uns schon bald die Sonne mit einem neuen Tag begrüßen wird.

Jahreskarte: Carpe noctem – nutze die Nacht. Lass dich treiben und gib dich dem Ungewissen hin. Dieses Jahr darfst du für dich lernen, dich noch mehr fallen zu lassen und dich mit dem Ungewissen anzufreunden. Dies bedeutet nicht, dass dir alles entgleitet und du einem kompletten Sicherheitsverlust gegenüberstehst. Es geht eher darum, aktiv aus deinen Gedankenschleifen auszubrechen, wenn du wieder einmal dazu neigst, ein gewisses Szenario (gerade wenn es in der Zukunft liegt) ein zehntes Mal durchzuspielen und zu »zerdenken«. Am Ende weißt du sowieso nicht, wie es kommt, also nutze die Kraft des Ungewissen und konzentriere dich im gegenwärtigen Moment auf das, was gerade da ist, auf das, was für dich bereits sichtbar ist. In dieser Form ist »Der Mond« eben auch eine Karte der Achtsamkeit. Wir sind achtsam in diesem Moment, wohl wissend, dass er vergänglich ist.

Persönlichkeitskarte: Du bist spontan und liebst das Ungewisse? Nein? Dann solltest du dich auf jeden Fall noch einmal mit dir selbst und dem Thema vermeintliche Sicherheit auseinandersetzen. Denn du hast die große Stärke, dem Ungewissen mit Mut und Vertrauen entgegenzutreten. »Wird schon gut werden« ist deine Devise und wenn du ihr folgst, wirst du dich im Prozess des Ungewissen wohlfühlen können. Vielleicht gelingt es dir nicht immer, da dieses Thema ganz eng mit den Instinkten und dem Urvertrauen verknüpft ist. Aber wenn du diese Stärke für dich nutzt, verfügst du über das große Potenzial, die Dinge so anzunehmen, wie sie kommen. Dabei bist du stets im Vertrauen, dass dieser Prozess für dich ist und dazu beiträgt, dass du dich auf die eine oder andere Weise noch besser spürst oder etwas über dich lernst. Darüber hinaus bist du wahrscheinlich eine Nachteule und dir kommen die besten und kreativsten Ideen in den Abendstunden. Wenn es sich gut für dich anfühlt und es umsetzbar ist, bietet sich für dich womöglich an, deine Arbeitszeit auf die Nachmittags- und Abendstunden zu legen.

Leitspruch: Ich lasse mich ins Ungewisse fallen.

XIX – Die Sonne

Pure Lebensfreude, Strahlkraft, Unbeschwertheit, Optimismus, im Einklang mit dem inneren Kind sein

Astrologische Zuordnung: Sonne

Impulse: Shine your light! Mit der »Sonne« sind wir endgültig verbunden mit unserem »neuen Selbst«. Wir blicken mit Stolz, Dankbarkeit und Ehrfurcht auf unsere Reise zurück. In vielen Decks wird diese Karte mit Sonnenblumen dargestellt, die das Motiv des Wachstums noch einmal verdeutlichen. Nun dürfen wir, wie die Sonnenblume, unser Gesicht der Sonne zuwenden und dabei strahlen und blühen. Zudem geht es bei der »Sonne« darum, uns mit unserem inneren Kind zu verbinden, ihm das zu geben, was in der Vergangenheit vielleicht etwas zu kurz gekommen ist. Wir schaffen es dabei, einen Einklang herzustellen, und sind bereit, uns selbst in einem neuen Licht zu sehen und von anderen in diesem neuen Licht wahrgenommen zu werden. Dabei geht es nicht darum, dass wir uns in diesem Prozess komplett verändert haben, sondern eher darum, nun alle Facetten von uns zu leben und unser Wachstum zu zelebrieren. Wir sind durch einen Prozess der Weiterentwicklung gegangen, der nun mit der »Sonne« seinen Höhepunkt erreicht und gefeiert werden darf. Sei, wer du bist, und teile dein Sein mit der Welt, ohne Angst davor, für jemanden nicht richtig oder zu viel zu sein. Du bist du und das ist, verdammt noch mal, großartig!

Jahreskarte: Du darfst strahlen! Mach in diesem Jahr das, was dir guttut und dein inneres Kind zum Strahlen bringt. Lade Leichtigkeit, Freude und Dankbarkeit in deinen Alltag ein und hinterfrage dich immer wieder, was du gerade möchtest und was gut für dich ist. Ein Sonnenjahr ist ein Jahr für dich und dein Herz. Entschuldige dich nicht für dein Sein, deine Werte oder deine Entscheidungen, solange du sie im Einklang mit dir selbst triffst. Du gehst deinen Weg auf der Sonnenseite des Lebens, ganz egal, was andere darüber denken.

Persönlichkeitskarte: Du kleiner Sonnenschein! Du bist dir deiner selbst bewusst und strahlst wahrscheinlich eine gewisse Freude, Positivität, aber auch Stärke, Mut und Selbstvertrauen aus. Immerhin ist die Sonne der Mittelpunkt unseres Sonnensystems und nimmt somit eine Sonderstellung unter den für uns wichtigen Himmelskörpern ein. Andere suchen oft deine Nähe und lassen sich von deiner Anwesenheit gern wärmen und begleiten. Deine Energie ist hell und warm und in deiner Nähe fühlt man sich einfach pudelwohl und gesehen – denn dein helles Licht strahlt auch auf andere und lässt sie leuchten.

Leitspruch: Ich strahle im hellen Licht der Sonne.

XX – Gericht

Befreiung und Wiedergeburt, lang ersehnter Wandel, Selbstannahme und Selbstvergebung

Astrologische Zuordnung: Pluto (Herrscherplanet des Tierkreiszeichens Skorpion)

Impulse: In einigen Decks wird »Gericht« auch hin und wieder »Awakening« (Erwachen/Erweckung) genannt, was die Message der Karte sehr gut auf den Punkt bringt. Mit dem zugeordneten Planeten Pluto wird hier tief gegraben und noch einmal transformiert, bis man als neuer Mensch wiedergeboren wird. Wir sind fast am Ende der Großen Arkana angelangt und nun geht es noch einmal darum, all das von uns abzuschütteln, was noch immer an uns haftet, dort aber nicht hingehört. Dies können sowohl generationsübergreifende Themen sein (Side Note: Pluto ist der Generationsplanet, der sehr langsam läuft, deshalb prägt seine Stellung im persönlichen Horoskop immer eine gesamte Generation. Er braucht ganze 248 Jahre, um die Sonne einmal zu umkreisen, und verweilt daher etwa 21 Jahre in jedem Tierkreiszeichen). Es können aber auch Glaubenssätze sein, die uns schon von unseren Ahninnen und Ahnen mitgegeben wurden – beispielsweise: »Frauen gehören an den Herd.« Auch wenn wir dies selbst nicht glauben, sind solche Glaubenssätze fest in unserem System verankert. »Das Gericht« stellt diese noch einmal auf die Probe und erlaubt uns, sie schlussendlich für uns zu lösen, um uns vollständig frei zu fühlen.

Des Weiteren erinnert es uns daran, unser eigenes Denken über uns selbst auf den Prüfstand zu stellen, gerade wenn es um Selbstverurteilung geht. Wir dürfen uns einmal mehr bewusst machen, dass niemand frei von Fehlern ist, und Frieden schließen mit den

Dingen, die wir in der Vergangenheit vermeintlich falsch gemacht haben. Dies gilt sowohl für uns selbst als auch für unser Umfeld. Hinterfrage dich, warum du bestimmte Dinge in der Vergangenheit so gemacht hast und welchen Nutzen dies für dich hatte beziehungsweise welchen Nutzen du dabei erwartet hast. So kannst du in Zukunft anders mit diesen Situationen umgehen. Grundsätzlich unterstützt es die eigene Heilung, sich selbst und anderen zu verzeihen. Dies ist ein wichtiger Schritt, um schlussendlich bei der letzten Karte der Großen Arkana anzukommen – der »Welt«.

Jahreskarte: Dieses Jahr eignet sich hervorragend dazu, dich einmal mit deiner Familiengeschichte auseinanderzusetzen und etwaige Dinge aufzuarbeiten. Dazu kannst du gern mit deinen Eltern, Großeltern, Urgroßeltern … sprechen, um mehr über ihre Kindheit, ihren Alltag, aber auch ihre Werte und Glaubenssätze zu erfahren. So kannst du herausfinden, was es für Themen innerhalb deiner Familie gab und vielleicht sogar noch gibt, und diese für dich aufarbeiten. Wie genau diese Aufarbeitung aussehen könnte, kannst du nur für dich individuell herausfinden. Ob du dir dazu deine Karten zur Hilfe nimmst, Journaling machst, meditierst oder auf andere spirituelle Tools zurückgreifst (wie beispielsweise ThetaHealing, Reiki oder die Akasha-Chronik), spielt keine Rolle – es muss für dich passen und sich richtig anfühlen. Mit dieser intensiven Auseinandersetzung lernst du nicht nur, dich von etwaigen Glaubenssätzen zu befreien, sondern stärkst sogar die Verbindung zu deiner Familie und dir selbst.

Solltest du keinen Kontakt zu deiner Familie haben oder wollen, erlauben dir spirituelle Tools wie die genannten womöglich auch, an diese Informationen zu gelangen, ohne mit jemandem sprechen zu müssen.

Persönlichkeitskarte: Ähnlich wie Menschen mit der Karte »Gerechtigkeit« bist du jemand, der sich gern für andere einsetzt. Dies können auch Minderheiten oder schwache Parteien sein, die darauf angewiesen sind, dass es Menschen gibt, die nicht wegschauen, sondern sich für sie starkmachen. Du siehst das Gute in Menschen und dein großes Herz macht es dir manchmal schwer, dich abzugrenzen, weil du am liebsten jedem helfen und eine gewisse Gerechtigkeit herstellen würdest. Gerade in diesem Kontext kann schnell ein innerer Konflikt entstehen, eben genau dann, wenn du dich selbst dafür verurteilst, »nicht genug zu tun« oder »nicht genug tun zu können«. Doch genau an diesem Punkt kannst du ansetzen und aus dem Hamsterrad der Selbstverurteilung ausbrechen. Du tust, was du kannst, und selbst, wenn du einmal einen Fehler machst, andere verletzt oder Dinge tust, die du im Nachgang bereust, bist du deshalb kein schlechter Mensch.

Leitspruch: Ich bin frei von Verurteilung und verzeihe mir selbst.

XXI – Die Welt

Erfolgreicher Abschluss, Erfüllung, den Platz im Leben finden, (innerlich) ankommen, Happy End

Astrologische Zuordnung: Saturn (Herrscherplanet des Tierkreiszeichens Steinbock)

Impulse: Ein Zyklus geht zu Ende und wir dürfen endlich ankommen. Mit dem Saturn wird uns noch einmal der Spiegel vorgehalten und wir sehen, welche Reise hinter uns liegt und welche Tür nun geschlossen werden darf. Bevor dies passieren kann, müssen mit der Welt jedoch noch offene Dinge zu einem Abschluss gebracht werden. In diesem Stadium gibt es »kein Zurück mehr«, auch wenn wir uns womöglich noch nicht bereit dazu fühlen, diesen Prozess abzuschließen. Warte nicht auf den magischen Moment, in dem du dich endlich dazu bereit fühlst. Denn wenn du eines über die Reise durch die Große Arkana gelernt hast, ist es, dass du stets im Vertrauen bleiben darfst und dass wir uns immer in einem stetigen Zyklus und Wandel befinden. Nichts ist sicher und nichts ist für immer – das ist das Traurige, aber auch das Wunderschöne daran. Mit diesem Wissen kannst du nun deinen Platz einnehmen und etwas hinter dir lassen, bevor du im nächsten Schritt einen neuen Zyklus einleiten und eine neue Reise starten darfst.

Jahreskarte: Dieses Jahr geht es für dich darum, endlich anzukommen und deinen Platz einzunehmen. Vielleicht hast du dich die letzten Jahre etwas verloren und rastlos gefühlt und dich viel mit dir selbst und deinem Leben auseinandergesetzt. Nun ist die Zeit, eine gewisse Balance wiederherzustellen, indem du deinen (neuen) Platz besetzt. Dies kann sich durch einen Jobwechsel, einen Umzug, ein neues Projekt oder durch das innere Gefühl des Angekommenseins, der Zufriedenheit und Leichtigkeit manifestieren. Wenn du spürst, dass du dich gerade noch nicht so fühlst, schau einmal, was noch abgeschlossen werden sollte, welche Tür sich nun schließen darf und welches Thema du hinter dir lassen möchtest, zu dem du in dieser Form und zu diesem Zeitpunkt nicht mehr zurückkehren willst. Auch wenn es in diesem Jahr darum geht, zu genießen, was du gemeistert hast und wo du gerade bist, ist dieser Abschluss natürlich auch die Chance für etwas Neues, etwas Großartiges – die (erneute) Reise des Narren.

Persönlichkeitskarte: Damit du dich wohlfühlen und glücklich und zufrieden sein kannst, brauchst du einen »Safe Space«. Du bist womöglich nicht die Person, die sich selbst mit einem Van durch die Welt tuckern sieht, denn du brauchst deinen Raum und einen Ort, an dem du dich heimisch fühlst und immer wieder neu ankommen kannst, getreu dem Motto »Zu Hause ist es doch am schönsten«.

Zudem erinnert dich die Karte an deinen eigenen Selbstwert. »Die Welt« symbolisiert das Ankommen nach einer Reise der inneren Transformation. Die Frau auf dem klassischen Smith-Waite-Deck ist nackt und hält in ihrer Hand zwei »Zauberstäbe«. Sie hat die Möglichkeit, ihr Leben aktiv und selbst zu gestalten, und sie ist angekommen in der besten Version ihrer selbst. Für dich geht es also nicht darum, nach Perfektion zu streben, sondern dich auch in den vermeintlich unperfekten Situationen des Lebens so anzunehmen und zu lieben, wie du bist.

Leitspruch: Ich lebe die beste Version meiner selbst.

Im Moment

Während ich dieses Buch schrieb, habe ich mich sehr viel mit meinen eigenen Gefühlen, Erlebnissen, Hindernissen und Hoffnungen auseinandergesetzt. Denn auch wenn ich dir in diesem Buch viel mitgeben möchte, bin ich selbst noch auf meiner ganz eigenen Reise, wie wahrscheinlich jede und jeder von uns. Ganz so, wie ich es bei der Karte »Der Narr« beschrieben habe. Man ist irgendwie Teil des Ganzen, irgendwie überall und zugleich nirgendwo. Dabei geht jede und jeder von uns im eigenen Tempo voran, bleibt vielleicht auch mal stehen oder wechselt die Straßenseite. Kein Weg ist geradlinig und sollte es auch nicht sein.

Deshalb erheben meine Worte, Überlegungen und Interpretationen auch keinen Anspruch auf Allgemeingültigkeit oder Vollständigkeit. Sie sollen dich inspirieren, begleiten und zum eigenen Nachdenken, Fühlen und Träumen anregen. In unserem Leben müssen wir nicht immer einem roten Faden folgen oder einen Masterplan haben, auch wenn uns das oft von außen suggeriert wird. Ich plädiere eher dafür, Fehler zu machen und daraus zu lernen. Jede »falsche« Entscheidung bringt dich einen Schritt weiter, einen Schritt näher zu dir, vielleicht nicht immer auf die leichte Art, aber dafür authentisch und nachhaltig.

Im letzten Monat habe ich eine Doku über eine Band meiner Kindheit und Jugend gesehen, die mich sehr inspiriert hat – die Band *Echt*. Gerade auf den letzten Metern beim Schreiben hat mich die Musik sehr begleitet und berührt. Was mich daran so bewegt hat, war das Gefühl, dass es früher irgendwie normal war, sich authentisch zu zeigen und sich nicht dafür schämen zu müssen, wer man ist oder was man tut. Mittlerweile ist sehr viel inszeniert und wir verlieren uns oft in einer Scheinwelt, in der wir zum Teil gar nicht wissen, was real ist und was nicht. Umso wichtiger ist mir, dass du dieses Buch für dich nutzt, um dich wieder in deiner wahren Essenz zu erfahren und zu finden. Um dich selbst so annehmen zu können, wie du bist, deine Stärken als Stärken zu sehen und sie noch mehr auszuleben. Um dir des gegenwärtigen Moments bewusst zu sein oder zu werden und zu spüren, was für eine Magie darin liegt. Der Zauber zeigt sich, wenn wir den Moment so nehmen, wie er kommt, und ihn eben nicht künstlich aufhübschen mit Handy, Filter und dem richtigen Winkel. Die schönsten Momente können wir sowieso nicht aufnehmen, da sie uns passieren, wenn wir das Handy gerade nicht in der Hand haben.

Ich wünsche dir viele solcher magischen Momente und den Mut, jeden Tag dein authentisches Selbst zu leben und zu lieben.

Danksagung

Nun liegt es schon fast zwei Jahre zurück, dass mein erstes Tarotbuch »Intuitives Tarot« seinen Weg in die Buchwelt gefunden hat und heute setze ich bereits einen Punkt unter das zweite Tarotbuch. Schreibphasen sind für mich immer eine Mischung aus Aufregung, Vorfreude, Disziplin und persönlichem Wachstum. Mit jedem Kapitel lerne ich selbst noch einmal dazu und wachse ein Stückchen mehr über mich hinaus. Dass es diesen Prozess überhaupt geben konnte, habe ich einigen wundervollen Menschen zu verdanken.

Allen voran möchte ich meiner lieben Lektorin Peggy Walker-Pscheidt danken. Sie ist meine erste Ansprechpartnerin im Verlag und nicht nur während des Schreibprozesses eine große Unterstützung. Danke, dass du an mich und meine Ideen glaubst und wir gemeinsam ein zweites Mal zusammenarbeiten konnten. Darüber hinaus möchte ich mich natürlich beim grandiosen Heyne Verlag bedanken und allen Personen, die »Everyday Tarot« zu dem gemacht haben, was es heute ist. Danke für die ganzen Schleifen, die wir gemeinsam gedreht haben und euer Engagement, dieses Buch zu einem kleinen Schatz zu machen.

In dieser Aufzählung darf meine Familie natürlich nicht fehlen. Ich danke meinen beiden Kindern, ihrer Neugier und Aufgeschlossenheit, was Spiritualität angeht und allem, was sie mir jeden Tag wieder bewusst machen: Die Wunder in Alltäglichem zu sehen. Ihr seid ganz besondere Menschen mit riesengroßen Herzen.

Ein wahrer Herzensdank geht an meinen Mann Matthias, der zwar überhaupt nichts mit Spiritualität am Hut hat, mich aber in jedem Moment unterstützt und nicht müde wird, Menschen zu erklären, dass ich zwar Tarot lege, aber das rein gar nichts mit Wahrsagerei zu tun hat.

Danke an meine Freundin Tanja K., die mir seit dem Beginn meiner Tarotreise zur Seite steht und mich auch in diesem Schreibprozess unterstützt hat. Du machst jedes Buch zu etwas ganz Besonderewm.

Zudem möchte ich mich bei all den wunderbaren Menschen bedanken, die ich über die letzten Jahre mit dem Tarot begleiten durfte, ob mit Readings oder in meinen Tarotkursen. Ich bewundere eure Offenheit und euren Mut, euch intensiv mit den Karten und euch selbst zu beschäftigen, sowie gemeinsam in die Reflektion zu gehen. Ihr wart bereit für Veränderung und dafür, aktiv für euch und eure Herzenswünsche loszugehen. Das ist großartig und euer Vertrauen bedeutet mir die Welt.

Doch was wären Bücher ohne ihre Leserinnen und Leser? Dass es dieses Buch überhaupt gibt, verdanke ich euch! Jedes persönliche Feedback zu »Intuitives Tarot« zaubert mir ein Lächeln ins Gesicht und zeigt mir, dass ich genau das Richtige tue, dass ich auf dem richtigen Weg bin – dass wir auf dem richtigen Weg sind. Auf dem Weg, Tarot die Bedeutung zu geben, die es verdient. Nämlich ein großartiges Tool zu sein, um uns wieder mit uns selbst zu verbinden und Entscheidungen zu treffen, die uns selbst entsprechen, ganz ohne Hokuspokus.

EVA MURGES
Intuitives
TAROT
Folge deinem inneren Licht
Wie du die Karten
individuell deutest und
Antworten für dich findest
HEYNE

HEYNE